ASCHENDORFFS SAMMLUNG
LATEINISCHER UND GRIECHISCHER
KLASSIKER

HERODOT
EINE AUSWAHL AUS SÄMTLICHEN NEUN BÜCHERN

Herausgegeben von

JOSEPH BORGMAN

Kommentar

VERLAG ASCHENDORFF
MÜNSTER

2./3. Auflage

Aschendorffsche Buchdruckerei, Münster Westfalen, 1980

ISBN 3-402-02211-7

Vorwort

Der Neuausgabe dieser Auflage liegt der verdienstvolle Kommentar von A. Linnenkugel zugrunde. Vieles konnte übernommen, manches aber mußte geändert werden.

Die Verkürzung, die der griechische Unterricht in den letzten Jahren erfahren hat und die vielleicht noch nicht abgeschlossen ist, beschränkt die Behandlung der griechischen Literatur im wesentlichen auf die Oberstufe. Wenn man von einer kurzen vorbereitenden Xenophon-Lektüre absieht, wird Herodot der erste griechische Schriftsteller sein, von dessen Werk die Schüler größere Teile kennenlernen. Er ist sowohl vom Inhalt wie von der Sprache her in besonderem Maße dazu geeignet.

Trotz der Reduzierung des Griechischen muß eine einigermaßen zügige Lektüre, die keine sprachlichen Unklarheiten bestehen läßt und auf eine vertiefte Ausschöpfung des Gehalts der gelesenen Texte nicht verzichtet, gewährleistet sein, wenn der Erfolg des griechischen Unterrichts nicht überhaupt in Frage gestellt werden soll. Das ist nur möglich, wenn den Schülern die notwendigen Handreichungen geboten werden. Daher habe ich eine erhebliche Vermehrung der sprachlichen Hilfen für erforderlich gehalten. Angegeben werden vor allem Vokabeln, die bei der Mehrheit der Schüler nicht als bekannt vorausgesetzt werden können. Das sind zumeist dichterische und selten vorkommende Wörter. Ebenso ist der Umfang der Erklärungen zur Grammatik und zum Satzbau erweitert worden. Ferner gewährt der Kommentar sachliche Hilfen, soweit sie zur Erfassung des Inhalts erforderlich sind. Er läßt jedoch der Eigentätigkeit und dem selbständigen Bemühen der Schüler um Übersetzung, Verständnis und Deutung genügend Raum. Auch will er der Interpretationsarbeit im Klassenunterricht in keiner Weise vorgreifen. Der Kommentar ist ein Schülerkommentar, der den Schülern bei der häuslichen Nachbereitung ebenso eine Hilfe und Entlastung sein will wie bei der Präparation der Hausaufgabe.

Eine Einführung in Herodots Sprache und Dialekt ist den Erläuterungen vorangestellt worden.

Die wichtigste Literatur über Herodot wurde bei der Abfassung herangezogen. Vgl. zur Literatur S. 141f.

Münster, im September 1972

Dr. Joseph Borgmann

Die Sprache Herodots

Schon in der Antike rühmte man die Anschaulichkeit, Schlichtheit, Schönheit und Anmut der Sprache Herodots. Der Mannigfaltigkeit und Buntheit des Inhalts seines Werkes entsprechen Mannigfaltigkeit und Buntheit des Ausdrucks (ποικιλία); denn Herodot ist nicht nur Geschichtsschreiber, er ist dazu Geograph, Ethnologe und Naturforscher.

Weitgehend bedient er sich der sogenannten λέξις εἰρομένη, einer reihenden Sprachform, die beim Satzbau die Beiordnung der Unterordnung vorzieht. Zahlreiche Wiederholungen, viele Partikeln und eine Fülle des Ausdrucks geben der Darstellung eine geruhsame, behagliche Breite. Solche Schreibweise findet sich besonders in den novellistischen Partien, während er in den ethnographischen, geographischen und naturwissenschaftlichen Berichten nüchterner und sachlicher schreibt. Aber Herodot bildet durchaus auch reich gegliederte Perioden. Jedoch gelingt ihm nicht immer der folgerichtige Aufbau. Oft wechselt er die grammatische Konstruktion; häufig ist der Wechsel von direkter und indirekter Rede. Es finden sich auch viele Anklänge an die Sprache der epischen Dichtung. Zahlreiche Wörter und Wendungen stammen aus diesem Bereich, vornehmlich aus Homer. Auch dem Einfluß der damals neumodischen Rhetorik hat sich Herodot nicht ganz entziehen wollen. Isokola, Antithesen, Homoioteleuta und andere rhetorische Stilmittel werden an gehobenen Stellen der Erzählung, besonders in den Reden, verwendet.

Obwohl Herodot aus dem dorischen Halikarnaß stammte, schrieb er im ionischen Dialekt, der durch die Sprache seiner Vorgänger vorgeprägt war. Doch ist es heute nicht mehr möglich, aus der handschriftlichen Überlieferung diesen Dialekt eindeutig festzulegen. Seine Hauptmerkmale sind folgende:

I. Vokalismus

a) Veränderung der Vokale

1. α statt ε: in μέγαθος (μέγεθος), τάμνω (τέμνω), τράπω (τρέπω). Letztere nur in den Formen des Praes. und Imperf.
2. α statt ο: in ἀρρωδέω.
3. ε statt α: in τέσσερες (τέσσαρες), βέρεθρον (βάραθρον), ἔρσην (ἄρσην).
4. ε statt η: in ἑσσωθέντες (von ἡσσάομαι), μέν (öfter für μήν).
5. ε statt ει: in ἐς (εἰς), ἐπιτήδεος (ἐπιτήδειος), βαθέη (βαθείη; ebenso in den Femininformen der übrigen Adjektive auf -υς); κρέσσων (κρείσσων), δέξω, δέξασθαι (δείξω, δείξασθαι).
6. η statt ᾱ: z. B. in αἰτίη, νηός, νεηνίης, θεήσασθαι.
7. η statt ᾰ (im Sing. der α-Deklination): z. B. in πρύμνη, Σμύρνη, εὐνοίη.
8. η statt ε: in βασιληΐη (βασιλεία), ἀγγήϊον (ἀγγεῖον), κληίειν (κλείειν).
9. ι statt ε: in ἱστίη (ἑστία).
10. ι statt ει: in ἴκελος (εἴκελος).
11. ι statt ευ: in ἰθύς, ἰθύνω (εὐθύς, εὐθύνω).
12. ω statt αυ: in τρῶμα (τραῦμα), θῶμα (θαῦμα).
13. ω statt η: in ζώω (= ζήω), πτώσσω (πτήσσω).
14. ω statt ου: in γῶν (γοῦν), ὦν (οὖν) und den damit gebildeten Wörtern, wie ὁσονῶν, οὔκων.
15. αι statt α: in αἰεί (ἀεί).
16. ει statt ε: ξεῖνος (att. ξένος; das ει ist Ersatz für ausgefallenes *F*), κεινός (att. κενός aus *κενFός), δείρειν (δέρειν), εἰρωτάω (statt ἐρωτάω), εἵνεκα (ἕνεκα), εἴνατος, εἰνακόσιοι (ἔνατος,

ἐνακόσιοι aus *ἔνϝατος). ἤνεικα (inf. ἐνεῖκαι), ἠνείχθην (inf. ἐνειχθῆναι) für att. ἤνεγκον, ἠνέχθην.

17. ου statt ο: in οὔνομα (= ὄνομα; die Form mit ου ebenso wie in νοῦσος, οὐδός, ist aus Homer entnommen; die ion. Formen lauten ὄνομα, νόσος, ὀδός). μοῦνος (μόνος aus *μόνϝος).

b) Kontraktion der Vokale

1. Schreibungen wie ποιέεσθαι, αἱρέει, τείχεα, πολιορκέοντες, Περσέων usw. entsprechen den altionischen Sprachverhältnissen. Wie in anderen griechischen Dialekten setzte auch im Ionischen schon früh die Tendenz ein, innerhalb eines Wortes zusammentreffende Vokale zu kontrahieren. Aus dem Zeugnis der Inschriften wissen wir, daß zur Zeit Herodots zum mindesten qualitativ gleiche Vokale in der Aussprache zusammengezogen, daß also ε+ε oder ε+ει zu ει, ε+η zu η, ο+ο oder ο+ου zu ου geworden waren. Wenn der Herodot-Text noch den alten Lautstand widerspiegelt, so ist das vielleicht damit zu erklären, daß in Herodots Zeit die Literatur noch an dem alten Schriftbild bewußt festhielt.
2. ε + ο wird oft in ευ statt in ου kontrahiert; z. B. οἰκεῦντες statt οἰκοῦντες; βαλεῦ statt βαλοῦ aus βαλέο.
3. In Formen wie ἱρός (= ἱερός), ὀγδώκοντα (= ὀγδοήκοντα), ἔβωσα (= ἐβόησα), ἐνένωντο (= ἐνενόηντο) ist die Kontraktion sogar weiter getrieben als im Attischen.

c) Ausfall von Vokalen

In ὁρτή, ὁρτάζειν (statt ἑορτή, ἑορτάζειν), κεῖνος (statt ἐκεῖνος), ferner in φοβέαι (statt *φοβέε[σ]αι) ist ein ε ausgefallen. Ebenso erklären sich Formen wie φοβέο, ἡγέο, μέμνεο (aus φοβέε[σ]ο usw.).

d) Krasis

Krasis findet sich (neben der im Attischen üblichen) auch in ionischer Form: ὡνήρ, ὦλλοι, τὠληθές.

II. Konsonantismus

1. Statt – wie im Attischen – π steht κ in den korrelativen Pronominaladjektiven und Adverbien: κοῖος (ποῖος), κόσος, ὁκόσος, κοῦ, κόθεν, κῶς, ὅκῃ usw. Zugrunde liegt der uridg. Stamm *q^{u}o (vgl. lat. quo-d). Das k-Element dieses Stammes hat sich in dem κ der ionischen Form erhalten.
2. Wie heute der Franzose konnte der Ioner den in der Schrift durch den spiritus asper angedeuteten Hauchlaut (z. B. in ἅμα, ἑπτά) nicht aussprechen (Psilosis). In Komposita wurde daher der auslautende Konsonant nicht aspiriert. So erklären sich Schreibungen wie κατῆκεν (att. καθῆκεν), ἀπικόμενος (att. ἀφικόμενος), κατά (att. καθ' ἅ).
3. Gelegentlich steht die Tenuis statt der Aspirata, besonders κ statt χ; z. B. in δέκεσθαι (statt δέχεσθαι), πανταχῇ statt πανταχῇ; αὖτις statt αὖθις.
4. Formen wie ἐνθαῦτα, ἐνθεῦτεν (vgl. ἔνθα) stellen den ursprünglicheren Lautstand dar gegenüber den attischen Neubildungen: ἐνταῦθα, ἐντεῦθεν.
5. Durchweg tritt (wie in τάσσω, κηρύσσω, κρέσσων usw.) statt att. ττ, in διξός, τριξός ξ statt σσ auf.

III. Deklination

1. A-Deklination.
   a) Die Wörter auf -ης bilden den gen. sing. auf -εω (z. B. νεηνίης, gen. νεηνίεω; βορέης, gen. βορέω), das aus ηο mit metathesis quantitatum entstanden ist.

b) Der gen. pl. endigt auf έων (vgl. γνωμέων, πολιητέων, αὐτέων, πασέων, ἐουσέων).
c) Der dat. pl. geht auf -ῃσι aus (vgl. πολιήτῃσι).

2. O-Deklination.
a) Der dat. pl. endigt auf -οισι (vgl. βαρβάροισι).
b) att. νεώς (Tempel), λαγώς (Hase), ἵλεως usw. lauten ion.: νηός, λαγός, ἵλεος usw.
c) Fehlende Kontraktion: πλόος, νόος, χρύσεος.

3. Dritte Deklination.
a) Der acc. sing. von Ἰώ, Λητώ lautet: Ἰοῦν, Λητοῦν.
b) Bei den ι-Stämmen bleibt das ι das ganze Paradigma hindurch erhalten; also: gen. sing. πόλιος, dat. sing. πόλι, nom. pl. πόλιες, gen. pl. πολίων, dat. pl. πόλισι, acc. pl. πόλιας, auch πόλῑς, Σάρδῑς.
c) Die Substantiva auf -εύς haben im gen. sing.: έος, im dat. sing.: έϊ, im nom. pl.: έες. Also: βασιλεύς, βασιλέος, βασιλέϊ, βασιλέα; βασιλέες, βασιλέων, βασιλεῦσι, βασιλέας.
d) Bei den Wörtern auf -ης, ος, υς findet keine Kontraktion statt; daher: ἀληθής, ἀληθέος, ἀληθέϊ, ἀληθέα, γένεος, γένεα, ἄστεα.
e) Von κέρας merke die Formen: κέρεος, κέρεϊ, κέρεα, κερέων.
f) νηῦς (= att. ναῦς) bildet: νεός, νέα, νέες, νηυσί, νέας.
g) πολύς und πολύ haben die Nebenformen πολλός und πολλόν.

IV. Pronomina

1. Pron. pers. Die Formen treten unkontrahiert auf: ἐμέο (oder ἐμεῦ, μευ), ἡμέων, ἡμέας; σέο, σεῦ; τοι (= σοι), ὑμέων, ὑμέας; ἕο, εὗ, οἱ, μιν, σφέων, σφίσι (reflexiv) σφι (nichtrefl.), σφέας, σφέα.
2. Pron. refl. Aus der Verbindung ἐμέο, σέο mit αὐτοῦ und Kontraktion von ο+α entstanden lautgerecht die Formen

ἐμεο^{ω}αυτοῦ, σεο^{ω}αυτοῦ (ἐμεωϋτοῦ, σεωϋτοῦ). Durch Systemzwang ging das so entstandene ω dann auf die übrigen Kasus und das pron. refl. der 3. Person über. In der 3. Pers. wird auch das nichtreflexive Pronomen reflexiv gebraucht.

3. Pron. demonstr. Der Artikel hat sehr häufig noch demonstrative Bedeutung.

4. Pron. interrog. Zu τίς lautet der gen. τέο (τεῦ), der dat. τέῳ und τίνι; im plur. τέων und τέοισι. Die entsprechenden Formen des pron. indef. unterscheiden sich von diesen Formen nur hinsichtlich des Akzents. ὅστις wird entsprechend dekliniert.

5. Pron. rel. ὅς lautet in den obliquen Kasus mit τ an; also τοῦ, τῆς, τά usw. Ausnahmen bilden die konjunktionalen Neubildungen, wie ἐν ᾧ, μέχρι οὗ usw.

V. Konjugation

1. Das Augment. Die mit dem Iterativsuffix -σκ- gebildeten Formen des Imperfekts und Aorists treten ohne syllabisches Augment auf, also ποιέεσκον, λάβεσκον.
Hinsichtlich des temporalen Augments herrscht ein großes Schwanken zwischen augmentierten und nichtaugmentierten Formen. αἱρέω nimmt statt dessen im Perf. Reduplikation an; also: ἀραίρηκα, ἀραίρημαι. Merke außerdem: ὥρων (imperf. zu ὁρᾶν), ἔωθα (= εἴωθα), οἶκα (= ἔοικα), ἐόργεε (= ἐώργει).

2. Die Endungen.
   a) Im Plusquampf. act. finden sich die Ausgänge auf -εα, -εε, -εατε, z. B. in ἐώθεα, συνηδέατε.
   b) Formen wie μενέομεν (= att. μενοῦμεν), φαίνεαι (= att. φαίνῃ aus *φαίνε[σ]αι), ἐδέξαο (= att. ἐδέξω aus *ἐδέξα[σ]ο), ἀπαιρεθέω (= att. ἀφαιρεθῶ) unterscheiden sich von den entsprechenden attischen durch Unterlassung

der Kontraktion. (Hinsichtlich κομιεύμεθα statt κομιούμεθα vgl. I b 2.)

c) In der dritten Pers. Plur. treten in weiterem Umfange als bei Homer statt -νται und -ντο die Endungen -αται und -ατο auf, und zwar

α) im Perfekt und Plusquamperfekt, z. B. ἱδρύαται (statt ἵδρυνται), δεδέατο (statt δέδεντο), ἀπίκαται, ἀπίκατο.

β) im Optativ, z. B. ἐργαζοίατο (statt ἐργάζοιντο), τισαίατο (statt τίσαιντο).

γ) im Präsens und Imperfekt der Verben auf -μι, z. B. τιθέαται (statt τίθενται), ἐδεικνύατο (statt ἐδείκνυντο).

Besonderheiten:

a) Bei den verba muta wird der labiale und gutturale Endkonsonant des Stammes vor diesen Endungen aspiriert; z. B. τετράφαται (Stamm τρεπ-), ἐτετάχατο (Stamm ταγ-); die Dentalstämme zeigen δ, z. B. ἐσκευάδατο.

b) Bei vokalisch auslautenden Stämmen wird vor den Endungen -αται und -ατο η und ει zu ε gekürzt; z. B. κεκλέαται (statt κέκλη-νται), κατέαται (statt κάθηνται), ἐκέατο (statt ἔκει-ντο).

3. Kontrakta.

a) Bei den Verben auf -εω findet Kontraktion meist nicht statt; vgl. I b 1.

b) Bei den Verben auf -όω tritt manchmal Kontraktion in ευ statt in ου ein; z. B. ἐδικαίευ, statt ἐδικαίου.

c) Bei den Verben auf -άω findet sich im Präsens und Imperfekt vor dem durch Kontraktion entstandenen ω oft ein ε, z. B. ἐχρέωντο (statt ἐχρῶντο), φοιτέωσι (statt φοιτῶσι).

4. Verba auf -μι.

τίθημι bildet: τιθεῖς, τιθεῖ, τιθεῖσιν (statt τιθέασιν).

δίδωμι bildet: διδοῖς, διδοῖ, διδοῦσι.

δείκνυμι bildet: δεικνύουσι, ἐδείκνυον.

In den Aoristen ἔθηκα, ἔδωκα usw. werden auch Pluralformen mit -κα gebildet, also ἐθήκαμεν, ἐδώκατε.
οἶδα bildet οἶδας, ἴδμεν, οἴδαμεν, coni. εἰδέω, imperf. ᾔδεα
εἰμί hat gelegentlich εἶς, εἰμέν, coni. ἔω, opt. ἔοι, imperf. öfter ἔα oder ἔσκον; part. ἐών.
εἶμι hat im Imperf. ἤια, ἤιε, ἤισαν.

Buch I

1. Prooimion

Herodot hat seinen Historien ein Prooimion, ein Vorwort, vorangestellt. Es gibt Auskunft über den Namen und die Herkunft des Verfassers sowie über den Zweck und den Inhalt des Werkes.

Ἁλικαρνησσέος = att. Ἁλικαρνασσέως aus Halikarnaß, siehe spr. Einf. S. IX. – ἡ ἱστορίη = att. ἱστορία (zu ἱστορεῖν [die Wahrheit] erkunden, forschen) die Erkundung, vgl. Textb. S. 6. – Mit dem Begriff ἱστορίη verbindet Hdt. sowohl den Willen zur Wahrheit wie auch zur unbedingten Feststellung der Tatsachen in ihrer ganzen Fülle und Weite, wo immer sie ihm begegnen. ἡ ἀπόδεξις = att. ἀπόδειξις (s. u. ἀποδείκνυσθαι) die Darlegung, erg. ἐστίν. Das Subj. ἥδε ist im Genus auf das Prädikatsnomen ἀπόδεξις bezogen. An diesen Hauptsatz schließt sich 1. der Finalsatz ὡς (= damit) ... ἀκλεᾶ γένηται an, der durch μήτε – μήτε gegliedert, aber durch das Homoioteleuton (=Gleichklang der Endsilben) zusammengehalten wird; 2. an den in ἱστορίης liegenden Verbalbegriff der Akkusativ τά τε ἄλλα und der dadurch betonte Nebensatz δι' ἣν αἰτίην (= att. αἰτίαν) ἐπολέμησαν ἀλλήλοισι (= att. ἀλλήλοις). – τὰ γενόμενα ἐξ (= ὑπὸ) ἀνθρώπων das, was von den Menschen geschehen ist, soll nicht in Vergessenheit geraten, ἐξίτηλον (zu ἐξιέναι = von der Farbe: verblassen) γίγνεσθαι. Herodot will ferner von den ἔργα μεγάλα τε καὶ θωμαστά berichten, von den großen, bewundernswerten Leistungen, die von den Griechen und Barbaren vollbracht wurden, τὰ μὲν Ἕλλησι, τὰ δὲ βαρβάροισι (dat. auctoris) ἀποδεχθέντα (von ἀποδείκνυσθαι vorweisen, vollbringen). Diese Leistungen sollen nicht ohne rühmendes Gedenken bleiben, μήτε ἀκλεᾶ γένηται. Wie Homer τὸ κλέος ἀνδρῶν besungen hat, so will Hdt. durch sein Prosawerk dazu beitragen, daß die großen Leistungen der Griechen und Barbaren nicht ruhmlos vergehen. – τά τε ἄλλα: Hdt. erkundete neben vielen anderen Dingen, z. B. ethnographischen und geographischen, die sein Staunen erregten und von denen er im Verlauf seiner Darlegungen erzählen wird, *vor allem* – und das ist der eigentliche Zweck seines Werkes – das, was zur kriegerischen Auseinandersetzung dieser Völker führte, δι'ἣν αἰτίην ἐπολέμησαν ἀλλήλοισι. Diese αἰτίη sind der Eroberungsdrang Asiens und der Wille der Griechen, ihre Freiheit zu wahren und die sie bedrohenden Mächte abzuwehren.

Dreifach ist also das Thema der Historien gegliedert: Herodot berichtet von menschlichem Geschehen, besonders von den staunenswerten Leistungen der Griechen und Barbaren, nicht zuletzt aber vom Kampf zwischen Asien und Europa und von dessen αἰτίη.

Bemerkenswert ist es, wie bei Herodot der Mensch mit der ganzen Fülle seines Planens, Wirkens und auch Leidens, der Mensch in seiner Größe und Kleinheit zum Träger des geschichtlichen Geschehens geworden ist. In diesem Allgemein-Menschlichen liegt ein wichtiger Bezug zu unserer eigenen Existenz.

2. Die Feindschaft zwischen Griechen und Barbaren in ältester Zeit

1. οἱ λόγιοι = οἱ ἱστορίης ἔμπειροι. – γενέσθαι = fuisse. γίγνεσθαι ersetzt fehlende Formen von εἶναι. – ἡ διαφορή die Zwietracht. – ἡ Ἐρυθρὴ καλεομένη θάλασσα ist nicht das heute „Rotes Meer“ genannte Meer, sondern der Persische Golf und der Indische Ozean. καλεομένη = καλουμένη. Hdt. unterläßt meistens die Kontraktion. – ἀπικομένους = ἀφικομένους. – ἥδε ἡ θάλασσα: das Mittelländische Meer. – τόν: Relativpronomen. –

ναυτιλίῃσι = ναυτιλίαις, ναυτιλίη Seefahrt. – ἐπιτίθεσθαί τινι sich an etwas machen, etwas unternehmen. – ἀπαγινεῖν φορτία Waren (wohin) bringen. – τῇ ἄλλῃ anderswohin. – καὶ δὴ καί (besonders nach ἄλλος) und so auch. – 2. ἅπασιν (dat. instr.) in allen Dingen, in jeder Beziehung. – προεῖχε τῶν: ergänze πολίων oder ἐθνέων. – δή auf ἐσαπικνέεσθαι ἐς Ἄργος zurückweisend: also. – διατίθεσθαι τὸν φόρτον die Waren (zum Verkauf) aussetzen. – 3. ἐξεμπολημένων: Part. Perf. Pass. von ἐξ-εμπολάω (ion. ἐξεμπολέω) (aus)verkaufen. – τὸ δέ οἱ οὔνομα (verkürzt für τὸ ὄνομα, ὅ οἱ ἦν =) ihr Name; οἱ = αὐτῇ. – κατὰ τὠυτό, τό (= ὅ) übereinstimmend mit dem, was. – Ἰοῦν: Akk. zu Ἰώ. – 4. κατὰ πρύμνην τῆς νεός (= att. νεώς) nahe an das Heck des Schiffes, das dem Land zugekehrt war. – θυμός μοί ἐστί τινος ich habe Verlangen nach etwas. – διακελευέσθαι sich gegenseitig ermuntern. – ὁρμᾶν ἐπί τινα sich auf jmd. stürzen. – πλεῦνας = att. πλέονας (vgl. spr. Einf. S. VII: I b 2). – ἐπ᾽ Αἰγύπτου, ἐπί c. gen. gibt die ungefähre Fahrtrichtung an.

Über die gewöhnliche Form der Io-Sage vgl. Verz. d. Eigenn. unter Ἰώ. Worin unterscheidet sich die Herodoteische Fassung dieser Sage von der landläufigen?

2. Οὐκ ὡς Ἕλληνες: im Gegensatz zur griechischen Darstellung. – τοῦτο ἄρξαι, τοῦτο (sc. τὸ ἀδίκημα) ἄρχει = dieses ist das erste. – οὐκ ἔχουσιν ἀπηγήσασθαι, ἔχειν c. inf. = können; ἀπηγεῖσθαι angeben, nennen. – φασί sc. Πέρσαι. – τῆς Φοινίκης ἐς Τύρον (chorographischer Genetiv =) nach T. in Ph. – προσσχόντας, προσέχειν (sc. τὰς ναῦς) mit Schiffen landen. – εἴησαν δ᾽ ἄν (= εἶεν ἄν) οὗτοι Κρῆτες: Potentialis der Vergangenheit: das mögen aber wohl Kreter gewesen sein. Die Vermutung Herodots zielt auf Minos, König von Kreta. Um 1200 v. Chr. kamen bereits Kreter und andere Seevölker nach Syrien und Palästina, wo sie mehrere Städte gründeten, so Gaza und Askalon. – ἴσα πρὸς ἴσα σφι γενέσθαι ähnlich im Deutschen: Gleiches mit Gleichem vergelten. – 2. καταπλώσαντες = att. καταπλεύσαντες. – μακρῇ νηί: mit der Argo. Welcher Zug ist gemeint? – διαπρήσσεσθαι τἆλλα das übrige ausführen; mit τὰ ἄλλα ist die Erlangung des goldenen Vlieses gemeint. – τῶν (= ὧν) εἵνεκεν (= ἕνεκα) ἀπίκατο (= ἀφιγμένοι ἦσαν): vgl. S. XI: V 2 c. – ἁρπάσαι: Medea folgte Jason freiwillig. – Κόλχων βασιλέα: Aietes. – 3. δίκας αἰτεῖν Buße verlangen. – ὦν = οὖν. – ὑποκρίνασθαι (ion.) = ἀποκρίνασθαι.

Über die gewöhnliche Form der Europa-Sage vgl. Verz. d. Eigenn. u. d. W. Εὐρώπη. Vergleiche Herodots Darstellung vom Raube der Europe mit der von der Entführung der Io. Was ist beiden gemeinsam?

3. ἡ γενεά das Menschenalter, die Generation. – λέγουσι = man sagt; davon abhängig: Ἀλέξανδρον ἐθελῆσαι, von ἐθελῆσαι abhängig: γυναῖκά οἱ δι' ἁρπαγῆς γενέσθαι; οἱ (enkl.) = ἑαυτῷ. – ἐπίστασθαι bei Hdt. oft: glauben, meinen. – πάντως ohne Zweifel. – δίκας διδόναι zur Rechenschaft gezogen, bestraft werden. – 2. τοῖς Ἕλλησι δόξαι πέμψαντας: grammatisch korrekter wäre πέμψασι. – Zu προϊσχομένων (= Forderungen erheben) ergänze τῶν Ἑλλήνων. – προφέρειν vorwerfen. – σφι (statt σφίσι) = αὐτοῖς. – Von προφέρειν ist abhängig: 1. der Akk. ἁρπαγήν, 2. der Objektsatz ὡς ... βουλοίατο (= βούλοιντο). – αὐτοί ist anakoluthisch auf den Subjektsakk. τοὺς δέ bezogen. Anakoluth = eine nicht folgerichtig durchgeführte Satzkonstruktion. – Zu ἐκδόντες ergänze: Μήδειαν, zu ἀπαιτεόντων: τῶν Κόλχων; δόντες und ἐκδόντες löse adversativ, ἀπαιτεόντων konzessiv auf.

4. εἶναι: in direkter Rede würde dem εἶναι ein ἦσαν entsprechen. – τὸ ἀπὸ τούτου adverbialer Akk. der Zeit: von da an. – ἣ σφέας = reflexiv. – 2. Zu νομίζειν ergänze: τοὺς Πέρσας, zu ἁρπασθεισέων: γυναικῶν, zu ἀνοήτων und σωφρόνων: ἀνδρῶν ἔργον εἶναι. – Zu ἁρπασθεισέων ergänze τῶν γυναικῶν = nachdem sie einmal geraubt worden waren. – σπουδὴν ποιήσασθαι für σπεῦσαι = sich bemühen. – μηδεμίαν ὤρην (Sorge) ἔχειν sich gar nicht kümmern. – Zu δῆλα (= δῆλον) ergänze ἐστίν. – ἐβούλοντο, ἡρπάζοντο: der Irrealis der Vergangenheit wird durch das Imperfekt ausgedrückt, weil der Gedanke allgemeine Geltung haben soll. – 3. Ordne: Πέρσαι λέγουσιν σφέας τοὺς ἐκ τῆς Ἀσίης ... ποιήσασθαι. – λόγον οὐδένα ποιεῖσθαί τινος kein Aufheben machen. –

κατελεῖν = att. καθελεῖν; vgl. spr. Einf. S. VIII: II 2. – 4. ἡγήσασθαι sc. τοὺς Πέρσας. – τὸ Ἑλληνικόν die Griechenwelt. – οἰκειοῦσθαι (οἰκεῖος = eigen) sich zueignen, als seinen Herrschaftsbereich ansehen. – ἥγηνται, ἥγημαι = ἡγέομαι; ἥγηνται = ἡγοῦνται. – κεχωρίσθαι (von χωρίζειν trennen) abgetrennt, verschieden sein. Danach sind die kleinasiatischen Griechen Eindringlinge ohne Recht auf Autonomie. Für Hdt. aber ist die kleinasiatische Küste bereits griech. Erde wie das Mutterland.

5. εὑρίσκουσι mit a. c. p. = herausfinden. – 2. ἁρπαγῇ χρησαμένους = ἁρπάσαντας. – ὡς (= kausal) ἐμίσγετο = ἐμείγνυτο weil sie sich eingelassen hatte. – ὁ ναύκληρος der Kapitän. – ἔγκυος schwanger. – ἐθελοντήν (adv.) freiwillig. – συνεκπλῶσαι = συνεκπλεῦσαι. – ὡς ἄν: in Finalsätzen bei Hdt. öfter ἄν. – 3. ἔρχομαι ἐρέων ich schicke mich an, ich will sagen. – κως (enklit.) = πως; vgl. spr. Einf. S. VIII: II 1. – σημήνας, σημαίνειν hier = angeben, nennen. – προβαίνειν ἐς τὸ πρόσω τινός fortfahren in etwas. – ἄστεα ἀνθρώπων Städte der Menschen. – ἐπεξιέναι = durchwandern, erforschen. – 4. τὰ γάρ = ἃ γάρ sc. ἄστεα. – αὐτῶν = τούτων, abhängig von τὰ πολλά = die meisten. – ἐπ' ἐμεῦ (= ἐμοῦ) zu meiner Zeit. – τὰ γὰρ τὸ πάλαι μεγάλα ἦν, | τὰ πολλὰ αὐτῶν σμικρὰ γέγονε· || τὰ δὲ ἐπ' ἐμεῦ ἦν μεγάλα, | πρότερον ἦν σμικρά: beachte die Antithesen! Glied 1 und 3 haben zudem gleiche Silbenzahl (πάρισον). – ἀνθρωπηίην = att. ἀνθρωπείαν. – οὐδαμά (neutr. plur. von οὐδαμός =) keineswegs. – ἐν τὠυτῷ (= τῷ αὐτῷ) μένειν in demselben Zustand bleiben.

Das eigentliche Thema Herodots sind die Perserkriege, auf die er schon in diesen einleitenden Kapiteln zusteuert. Sie sind aber nur – das will er nachweisen – das letzte Glied in der langen Kette der Auseinandersetzungen zwischen Europa und Asien, die durch Griechen und Perser repräsentiert sind. Dieses Leitmotiv (vgl. Textb. S. 12) klingt hier zum ersten Male an. Um nachzuweisen, daß der Gegensatz zwischen beiden auf Erbfeindschaft beruht, geht er in I 1–5 bis auf die mythische Zeit zurück und beruft sich dabei auf persische Quellen.

A. Die Griechen außerhalb des Mutterlandes und die Barbaren

I. Die Griechen in Kleinasien und die Lyder

1. Gyges

An die Spitze ist mit Nachdruck der Name des Mannes gestellt, der in geschichtlicher Zeit aus imperialistischen Gründen die Griechen ohne deren Schuld angegriffen hat: Kroisos, der Lyderkönig. Sein Schicksal soll paradigmatisch für alle späteren „Aggressoren" sein.

6. γένος: Akk. der Bez. – Ἀλυάττεω (ion.) = Ἀλυάττου, vgl. Verz. d. Eigenn. – ἐντός diesseits, vom Standpunkt des Erzählers aus. – Συρίων (verkürzt aus Ἀσσυρίων) = Καππαδοκῶν. – ἀπὸ μεσαμβρίης: das trifft nur auf den Mittel- und Unterlauf des Halys zu. – ἐξιεῖ = ἐξίησι (sc. τὸ ὕδωρ =) mündet. – 2. βαρβάρων πρῶτος, τῶν ἴδμεν (= ἴσμεν), τῶν für οὕς, Kasusattraktion. – ἐς φόρου ἀπαγωγήν (= Abführung, Entrichtung), gekürzter Ausdruck für: καὶ ἠνάγκασεν αὐτοὺς φόρον ἀπαγαγεῖν. – **8.** ἠράσθη: ingressiver Aor. – πολλόν = πολύ. – ὥστε = ἅτε mit kausalem Part. – ἦν γάρ οἱ: vorweggenommene Begründung; oft bei Hdt. – ὁ αἰχμοφόρος der Leibwächter. – σπουδαιέστερα selten für σπουδαιότερα. – ὑπερτίθεσθαι anvertrauen. – 2. χρῆν so war es ihm vom Schicksal bestimmt. – ποίεε (= ποίει) ὅκως (= ὅπως) θεήσεαι (= θεάσῃ). Hdt. kontrahiert zumeist nicht. – 3. ἀμβώσας = ἀναβοήσας. – κιθῶν = att. χιτῶν. – ἡ αἰδώς Schamgefühl, Ehre. – 4. καλά recht und gut. – ἀνθρώποισι: dat. auctoris. – σκοπέειν: Inf., weil in ἓν τόδε ἐστί ein Verb des Sagens steckt. – πείθομαι (ich glaube), mit Nachdruck gesagt. – ἀνόμων (neutr.) Unrechtes. Die Forderung geht gegen Anstand und Sitte. – **9.** ἀρρωδέων = att. ὀρρωδέων voll Furcht. – ἐξ αὐτῶν daraus. – ὡς als ob. – λόγον τόνδε: ohne Artikel; öfter bei Hdt. – ἀρχήν von Anfang an. – 2. ὁ κοῖτος (poet.) = ἡ κοίτη das Lager (ἡ εὐνή). – τοι = σοι. – 3. στείχειν gehen. – κατὰ νώτου im Rücken. – τὸ ἐνθεῦτεν adv. Akk. – **10.** ὥρη τῆς κοίτης Schlafenszeit. – 2. ὑπεκδύς: er kam hinter der Tür hervor. – ἐκ τοῦ ἀνδρός = ὑπὸ τοῦ ἀνδρός. – οὔτε ἔδοξε μαθεῖν noch ließ sie sich etwas anmerken. – 3. καὶ ἄνδρα: eine Frau also noch viel weniger. – **11.** ὡς τάχιστα sobald. – ὥρα = ἑώρα. – ἕτοιμον ποιεῖσθαι sich bereithalten lassen. – ἐώθεε = att. εἰώθει war gewohnt. – ὅκως und ὡς c. opt. sooft als; oft bei Hdt. – 2. ὁδὸν τραπέσθαι einen Weg einschlagen. – τοῦ λοιποῦ in Zukunft. – 3. οὐ νομιζόμενα was nicht recht ist. – τέως μέν eine Zeitlang. – μετὰ δέ dann. – μιν = ἑαυτόν. – ἀναγκαίῃ ἐνδέειν zwingen. – 4. φέρε ἀκούσω: coni. adhortativus. – τέῳ (= τίνι) καὶ τρόπῳ: καί betont das Fragepronomen: auf welche Weise denn? – 5. ὑπολαβοῦσα sc. τὸν λόγον. – ἐπεδέξατο = ἐπεδείξατο: von seinem Herrn gezwungen, hatte Gyges seiner Herrin die Treue gebrochen; jetzt zwingt diese ihn zum Treubruch seinem Herrn gegenüber. – **12.** ἀρτύειν ersinnen. – οὐ μετίετο (= μεθίετο) er wurde nicht entlassen, er war in einer Zwangslage. – **13.** κρατύνειν bestätigen. – δεινὸν ἐποιεῦντο sie waren empört. – συνέβησαν ἐς τὠυτό sie kamen überein. – ἀνέλῃ von ἀναιρεῖν antworten (vom Orakel). – 2. ἐς τὸν πέμπτον ἀπόγονον (Nachkomme): Gyges (um 680–652) wird mitgezählt; gemeint ist der Lyderkönig Kroisos (560–546).

Der Stoff der Gyges-Geschichte ist orientalischer Herkunft. Insofern weist die Erzählung auch orientalische Züge auf. Welche? Aber Herodot hat sie in seinem Geist neu gestaltet.

Es gibt andere Fassungen, die von der Herodots erheblich abweichen. Besonders fruchtbar ist ein Vergleich mit Platon, Staat 359 D–360 A. Bei Platon ist Gyges ein Usurpator, dem ein Zauberring alle Wünsche erfüllt; er wird zum Verführer und Mörder, während er bei Hdt. mit allen Kräften zu verhindern sucht, wozu ihn die Situation, in die er gegen seinen Willen geraten ist, zwingt. Er steht in einem Konflikt zwischen Treue und Selbsterhaltung; er muß wählen zwischen Untätigkeit und Untergang oder Handeln und Schuld. Er wählt das Leben und damit Treubruch und Mord.

Hdt. will in dieser Novelle eine Situation zeigen, in der menschliche Tragik sichtbar wird; sie soll beispielhaft darlegen, wie und warum ein Mensch in Schuld verstrickt wird.

2. Periandros und Arion

23. παραστῆναι (wörtl.?) = sei begegnet. – ἐξενειχθέντα (= att. ἐξενεχθέντα) sc. ἐκ τῆς θαλάσσης. – κιθαρῳδός: der die κιθάρα spielt und dazu singt. – δεύτερος mit dem Komparativsuffix -τερος; daher mit dem gen. comparat. verbunden; δεύτερός τινος geringer als. – διθύραμβος bezeichnet ein Reigenlied auf Dionysos, das unter Flötenbegleitung bei den Dionysosfesten von einem Chor gesungen wurde. – διδάξαντα: von dem Dichter gesagt, der den Chor zusammenstellt und den von ihm verfaßten und vertonten Dithyrambos selber einstudiert. – Aus dem Dithyrambos hat sich, wie es heißt, die griechische Tragödie entwickelt. Auf Arion geht aber weder die Erfindung noch die Benennung des D. zurück; er wird ihn kunstvoller gestaltet haben.

24. τὸν πολλὸν τοῦ χρόνου statt πολὺ τοῦ χρόνου. – διατρίβειν hinbringen, verweilen. An den Tyrannenhöfen des 6. Jahrhunderts pflegte man Künste und Wissenschaften. Deshalb hielten sich dort gern die Dichter auf. – πλῶσαι von πλώω = πλέω. – χρήματα μεγάλα ἐργάζεσθαι viel Geld erwerben. – 2. μισθώσασθαι: Arion konnte es sich leisten, ein eigenes Schiff „zu mieten". – ἐν τῷ πελάγει auf hoher See. – ἐπιβουλεύειν im Sinne haben. λίσσεσθαι (poet.) bitten. – χρήματα μέν σφι προϊέντα | ψυχὴν δὲ παραιτεόμενον: ein Parison. – 3. ὁ πορθμεύς (poet.) der Seemann. – διαχρᾶσθαι töten. – μιν = ἑαυτόν. – ὡς ἂν ... τύχῃ, ὡς ἂν = damit; nach altgriechischer Vorstellung konnte die Seele eines Unbestatteten im Jenseits keine Ruhe finden. – τὴν ταχίστην (sc. ὁδόν) möglichst schnell, gehört zu beiden Inf. – 4. ἀπειληθέντα (von ἀπ-ειλεῖν [εἴλω] = wegdrängen) ἐς ἀπορίην in eine verzweifelte Lage gebracht. – περιιδεῖν, περιορᾶν hier c. inf. = etwas geschehen lassen, erlauben. – ἐν τῇ σκευῇ πάσῃ in seinem vollen Ornat. Der Sänger trug, wenn er vor seinem Publikum auftrat, ein langes Purpurgewand. – τὰ ἑδώλια das Verdeck (auf dem Hinterteil des Schiffes). Die Zuhörer befanden sich im tieferen Mittelraum, so daß Arion wie auf einer Bühne vor ihnen stand. – ἀεῖσαι ist ion. Aor. von ᾄδειν singen. – ὑποδέκεσθαι = att. ὑποδέχεσθαι = ὑπισχνεῖσθαι. – κατεργάζεσθαι töten. – 5. καὶ τοῖσιν ἐσελθεῖν γὰρ ἡδονὴν . . . ἀναχωρῆσαι steht für καὶ τοὺς (ἐσελθεῖν γὰρ [αὐτοῖς] ἡδονήν . . .) ἀναχωρῆσαι. τούς, Subjekt zu ἀναχωρῆσαι, ist von dem Verbum des eingeschobenen Satzes (ἐσελθεῖν) abhängig gemacht. εἰ μέλλοιεν nach Ausdrücken der Gemütsbewegung (ἐσελθεῖν ἡδονήν) steht εἰ oft statt ὅτι (daß). – νόμον τὸν ὄρθιον, νόμος bezeichnet einen zur αὐλός oder κιθάρα zu Ehren Apollons vorgetragenen Einzelgesang; ὄρθιος charakterisiert den Rhythmus als besonders feierlich und getragen; νόμον τὸν ὄρθιον also: einen feierlichen Lobgesang auf Apollon. Der Dichter will also sein Leben, das dem Preise der Gottheit geweiht war, mit einem frommen Liede beschließen. – ὡς εἶχε (wie er sich verhielt =) so wie er dastand. – 6. ὑπολαμβάνειν hier: auf den Rücken nehmen. – ἐξενεῖκαι, ἤνεικα ist ion. Aor. = att. ἤνεγκον. – ἀποβαίνειν an Land gehen. – ἀπηγέεσθαι = att. ἀφηγεῖσθαι erzählen. – 7. οὐδαμῇ μετιέντα (von μεθιέναι) verbinde mit ἐν φυλακῇ ἔχειν: er hielt in strengstem Gewahrsam. – ἀνακῶς ἔχειν τινός achtgeben auf jmd. – ὡς δὲ ἄρα παρεῖναι αὐτούς: Hdt. gebraucht in indirekter Erzählung auch in Nebensätzen den Infinitiv. – περὶ Ἰταλίην in Italien, ohne nähere Ortsangabe. – ἔχειν c. inf. = können. – ἀρνέεσθαι leugnen.

Die Arion-Episode ist dadurch mit dem Hauptfaden der Darstellung verknüpft, daß sie zur Charakterisierung des Tyrannen Periandros von Korinth dient. Die Rettung durch einen Delphin findet sich auch in arabischen Märchen, in verschiedenen Variationen bei den Griechen. Der Delphin wird von den Griechen als ein heiliges Tier des Poseidon und Apollon angesehen.

Wie hat A. W. Schlegel in seiner Ballade „Arion“ diesen Stoff gestaltet?

3. Kroisos und Solon

26. βασιληίην = att. βασιλείαν. – ἐπεθήκατο, ion. ἐθηκάμην = att. ἐθέμην. – 3. ἐν μέρει der Reihe nach. – αἰτίαν ἐπιφέρειν eine Schuld aufbürden. – τῶν μὲν ἐδύνατο ... ἐπαιτιώμενος, τῶν (= ὧν) ist gen. obi. zu einem hinter μέζονας (= att. μείζονας) zu ergänzenden αἰτίας; zu ἐπαιτιώμενος ergänze τούτους. – παρευρίσκειν (ion.) dazu erfinden.

28. ἐντός diesseits. – οἰκημένων von οἰκέω, ion. οἴκημαι, ich wohne. – **29.** κατεστραμμένων: Hdt. gebraucht das Verb zum drittenmal (c. 6, 28 und hier) in bezug auf Kroisos. Was will er damit zum Ausdruck bringen? – ἐς Σάρδις: ion. Akk. – ἀκμαζούσας πλούτῳ, ἀκμάζειν (ἀκμή) = in Blüte stehen. – σοφισταί (ohne negative Nebenbedeutung) Weise. – ὡς ... ἀπικνέοιτο: aus welchen Gründen auch ein jeder kommen mochte. – Σόλων: Solons zehnjährige Reise fällt in die Jahre 593/2–583, Kroisos' Regierungsantritt ins Jahr 561. Das Zusammentreffen beider Männer in der von Hdt. erzählten Weise ist also unhistorisch, eine Erfindung der Volksdichtung, die es liebte, die Großen der Zeit, z. B. die sieben Weisen, mit Königen und Fürsten oder miteinander in Verbindung zu bringen. – κατὰ θεωρίης (das Schauen) um die Welt zu sehen. – τῶν ἔθετο für οὓς ἔθετο. Wonach hat sich das Relativum im Kasus gerichtet?

30. εἵνεκεν (att. ἕνεκα) zu αὐτῶν τούτων und τῆς θεωρίης gehörig. – ξεινίζειν gastlich aufnehmen. – μετὰ δέ (adv.) danach. – 2. ὥς οἱ κατὰ καιρὸν ἦν (wörtl.?) = solange es ihm gefiel. – εἰρέσθαι (ion.) = ἐρωτᾶν. – παρ' ἡμέας γάρ: vorgreifende Begründung des Folgenden statt eines kausalen Nebensatzes (oft bei Hdt.). – ἡ πλάνη die Reise. – φιλοσοφεῖν nach Wissen streben. – ἵμερός μοι ἐπῆλθε es ist mir die Lust angekommen. – εἶδες, ὁρᾶν hier: kennenlernen. – 3. Zwischen ἐλπίζων (= meinen) und εἶναι ergänze αὐτός. – ὑποθωπεύειν ein wenig schmeicheln. – τῷ ἐόντι χρῆσθαι sich an die Wahrheit halten. – ἐπιστρεφέως gespannt. – 4. κοίῃ (= att. ποίᾳ) inwiefern, warum. – τοῦτο μὲν - τοῦτο δέ einerseits - andererseits. – εὖ ἥκω = εὖ ἔχω es geht mir gut. In τοῦ βίου (= hinsichtlich des Besitzes) verbindet sich der Ausdruck mit dem Genetiv des Bereichs. – εἶδε ... ἐκγενόμενα er erlebte es, daß ... – παραμείναντα, παραμένειν = am Leben bleiben. – ὡς τὰ παρ' ἡμῖν: dieser Zusatz schränkt das τοῦ βίου εὖ ἥκοντι ein: „an unseren Vermögensverhältnissen gemessen". Denn der Grieche ist, wie Hdt. VII 102 hervorhebt, im allgemeinen arm. Bezeichnend für griechisches Denken ist es, daß hier und I 31 (βίος ἀρκέων) ein ausreichender Besitz unter den Vorbedingungen für ein glückliches Leben aufgeführt wird. – 5. ἀστυγείτονας: mit „Nachbarn" sind wohl die Megarer gemeint. – αὐτοῦ, τῇ (= ᾗ) dort, wo. – Welche Lebensgüter des griech. Menschen preist Solon gegenüber der Entfaltung orientalischer Pracht?

31. προτρέπεσθαι = zu etwas anregen, etwas veranlassen (nämlich ἐπειρωτᾶν). – Ordne den Satz, dessen Glieder ineinander verschoben sind, also: ὡς δὲ τὰ κατὰ τὸν Τέλλον πολλά τε καὶ ὄλβια εἴπας ὁ Σόλων προετρέψατο τὸν Κροῖσον. ὡς ... προετρέψατο ist ein Kausalsatz, εἴπας ist durch „dadurch, daß" aufzulösen. Mit εἴπας sind zwei Akkusative verbunden: 1. τὰ κατὰ τὸν Τέλλον (das neutrale Objekt steht ungewöhnlich statt der Person), 2. πολλά τε καὶ ὄλβια. – Zu ἐπειρώτα erg. ὁ Κροῖσος. – δευτερεῖα γῶν (= att. γοῦν) φέρεσθαι wenigstens den zweiten Platz belegen, die zweite Stelle erhalten. – 2. ὁρτῆς (= ἑορτῆς) τῇ Ἥρῃ: die Ἡραῖα wurden von den Einwohnern von Argos alle fünf Jahre zu Ehren ihrer Landesgöttin festlich begangen. Die Priesterin fuhr auf einem von weißen Rindern gezogenen Wagen zum Heraion, dem zwischen Argos und Mykenai gelegenen Tempel der Göttin. An ein großes Stieropfer schlossen sich Wettkämpfe. – τὴν μητέρα: die Mutter des Kleobis und Biton hieß Κυδίππη und war Priesterin der Hera. – τὸ ζεῦγος Joch, Wagen. – ἱρόν = ἱερόν. – ἐκκληιόμενοι τῇ ὥρῃ, ἐκκληίεσθαι

= gehindert werden (zu warten), durch die Zeit gedrängt. – ἡ ζεύγλη (poet.) das Joch. – σφι = ὑπ' αὐτῶν. – σταδίους = στάδια. – 3. διέδεξε = διέδειξε offenbarte. – ὁ θεός allgemein: die Gottheit, vgl. Textb. S. 15. – ἄμεινον εἴη ... ἢ ζώειν: ein starker Lebenspessimismus findet sich häufig in der griech. Literatur. So sagt Solon: οὐδὲ μάκαρ οὐδεὶς πέλεται βροτός, ἀλλὰ πονηροὶ || πάντες, ὅσους θνητοὺς ἠέλιος καθορᾷ. – οἵων ... ἐκύρησε = ἐπεὶ τοιούτων τέκνων ἐκύρησε, κυρεῖν (poet.) τινός etw. bekommen. – 4. τό = ὅ. – τυχεῖν: **erklärender Inf. zu ἄριστον. – 5. εὐωχεῖν bewirken.** – ἐν τέλει τούτῳ ἔσχοντο sie hielten sich in diesem Ende = sie schieden so dahin. Sie wurden im Schlafe schmerzlos „hingenommen". Der Glaube von dem Jammer des irdischen Daseins und dem Tod als dem Tor zum Frieden ist uralte griechische Weisheit. Dieser Glaube ist auch ein Grundzug von Herodots Weltanschauung.

32. σπερχθείς ergrimmt (von σπέρχειν in Bewegung setzen). – ἀπέρριπται ἐς τὸ μηδέν (wörtl.?) mit „geringachten". – ἰδιωτέων ἀνδρῶν ἀξίους, ἄξιος ursprünglich: gleich an Gewicht, gleichwertig. – τὸ θεῖον ... φθονερόν τε καὶ ταραχῶδες die Gottheit ... eifersüchtig und unbeständig = Unruhe stiftend; vgl. Textb. S. 16. – 2. ὁ οὖρος = att. ὁ ὅρος die Grenze. – 3. παρέχεσθαι (in einer Berechnung) sich ergeben, gleich sein. – μὴν ἐμβόλιμος ein Schaltmonat. Auf wieviel Tage ist hier ein Jahr berechnet? – ἐθελήσει, ἐθέλειν c. inf., bei H. oft für μέλλειν, bleibt hier unübersetzt. – ὁ ἕτερος hier: jeder zweite. – αἱ ὧραι συμβαίνουσι die Jahreszeiten stimmen mit dem Jahre überein, d. h. sie treten zu der im Kalender angegeben Zeit ein (παραγινόμεναι εἰς τὸ δέον). Wieviel Tage umfaßt ein Jahr in der zweiten Berechnung? – Das attische Jahr, bei dem in erster Linie der Mondlauf berücksichtigt wurde, umfaßte 354 Tage. Um den Ausgleich mit dem Sonnenjahr herbeizuführen, wurde innerhalb acht Jahren dreimal ein dreißigtägiger Schaltmonat eingelegt. Hdt. gibt in beiden Fällen nur Annäherungswerte. Seine Absicht ist, in der umständlichen und darum eindringlichen Weise der volkstümlichen Erzähler dem Leser (bzw. Hörer) zweimal die große Zahl von Tagen vor Augen zu führen, die ein langes Menschenleben umfaßt. Um so deutlicher wird es diesem, da kein Tag dem anderen gleicht, wie leicht ein Wechsel des Glücks eintreten kann. – παρὰ . . . ἔτεα im Laufe der . . . Jahre. – 4. τὸ παράπαν Adv.; ebenso πᾶν. – ἄνθρωπος . . . συμφορή dem Spiel des Zufalls preisgegeben. – 5. μέγα ist Adv. – οὔ κω = οὔπω. – πρίν c. coni. ohne ἄν ist älterer Sprachgebrauch. – ὁ αἰών das Leben. – μᾶλλον ὀλβιώτερος: das Komparativische wird, um es nachdrücklich zu sagen, zweimal ausgedrückt. – ζά(=διά)πλουτος (poet.) überaus reich. – Zu μετρίως ἔχοντες τοῦ βίου: vgl. I 30, 4: εὖ ἥκω τοῦ β. – 6. ἄτη Unheil. – ἐνεῖκαι = ἐνεγκεῖν. – ὁμοίως ἐκείνῳ in gleicher Weise wie jener. – ἐνεῖκαι: zeugmatisch auch zu ἐπιθυμίην. – ἄπηρος unversehrt; πηρός = an irgendeinem Gliede gelähmt. – ἀπαθής κακῶν wörtl.: nichts Böses erlitten habend. – εὔπαις einer, der treffliche Kinder hat. – 7. Ordne: οὗτος ἄξιός ἐστιν ἐκεῖνος ὄλβιος, τὸν ζητέεις, κεκλῆσθαι. – ἐπισχεῖν (= abwarten) und καλέειν sind imperativisch wiederzugeben. – 8. συλλαβεῖν erlangen. – καταρκέει . . . παρέχουσα ist imstande, sich alles selber zu bieten. – αὐτάρκης sich selbst genügend, autark. – 9. εὐχαρίστως hier: sanft. – παρ' ἐμοί nach meiner Meinung. – πολλοῖσι gehört zu ὑποδέξας und zu ἀνέτρεψεν; wovon ist es abhängig gemacht? – πρόρριζος (poet.) mit der Wurzel, von Grund aus.

33. λόγου ποιεῖσθαί τινα jmd. der Beachtung würdigen. Das zweite οὔτε gehört nur zu ποιησάμενος. – Zu ἐχαρίζετο ist Σόλων, zu ἀποπέμπεται Κροῖσος Subjekt. – κάρτα (poet.) sehr. – μετείς = μεθείς aufgebend. – Hdt. bringt in der 3. Antwort seine eigene Meinung zum Ausdruck. Zwei Motive klingen an: einmal das Motiv vom Neid der Götter. Diese wachen „voll Eifersucht“ (φθόνος) darüber, daß die Menschen, die ihrem Menschsein gezogenen Grenzen nicht überschreiten, zum andern das Motiv von der „Unsicherheit des menschlichen Daseins“. Kein Tag ist wie der andere; der Mensch ist ganz ein Spielball des Schicksals (συμφορή). Die Sprache dieses Teils ist dem Inhalt angepaßt; sie bewegt sich hinsichtlich der Wortwahl auf gehobenem Niveau. Hdt. gebraucht zahlreiche dichterische und seltene Wörter wie ζάπλουτος, ἄπηρος, εὐχαρίστως, ἄτη, αὐτάρκης u. a.

4. Kroisos und Adrastos

34. Μετὰ Σόλωνα οἰχόμενον: i. D. durch einen Nebensatz. – νέμεσις verw. mit νέμειν = das Zuteilen des Gebührenden (im Sinne der im Kosmos waltenden Gerechtigkeit; vgl. Textb. S. 15) = Schickung, Strafe. Die personifizierte Νέμεσις haßt das Übermaß im Menschenleben und hebt es auf; sie sieht darauf, daß der Mensch sich nicht überhebe, nicht über die ihm von der Gottheit gesteckten Grenzen hinausgehe. – ὡς εἰκάσαι = vermutlich; grammatisch zu erklären wie ὡς ἐμοὶ δοκεῖν. – ὄνειρος der Traum, wie bei Homer (Il. β 16), personifiziert. – τὴν ἀληθείην ... κακῶν die Wahrheit über das bevorstehende Unglück. – 2. οὕτερος = ὁ ἕτερος. – διέφθαρτο er war mit einem körperlichen Gebrechen behaftet. – κωφός taubstumm. – 3. ἐπείτε = ἐπειδή. – ἑαυτῷ λόγον διδόναι bei sich überlegen. – καταρρωδεῖν = att. κατορρωδεῖν fürchten. – ἄγεσθαι τῷ παιδὶ γυναῖκα den Sohn verheiraten (vom Vater gesagt). – ἐωθότα = att. εἰωθότα (gewohnt). – ὁ ἀνδρεών = ἀνδρών Männersaal. – θάλαμος hier: Waffenkammer. – συννεῖν aufhäufen. – οἱ = Κροίσῳ, in possessivem Sinn zu τῷ παιδί wie 35, 1.

35. ἐν (μετὰ) χερσὶν ἔχειν τι mit etwas beschäftigt sein. – συμφορῇ ἐχόμενος (mit einer unfreiwilligen Blutschuld behaftet) καὶ οὐ καθαρὸς χεῖρας: dieselbe Aussage in negativer Wendung; vgl. Textb. S. 5. Wer Menschenblut vergossen hatte, setzte sich nach griechischer Vorstellung der Rache der zürnenden Seele des Getöteten und der über sie waltenden Götter aus. Daher war er aus jeder menschlichen Gemeinschaft ausgestoßen, solange nicht eine Entsühnung (κάθαρσις, καθάρσιον) vorgenommen war. Die dabei üblichen alten Gebräuche (τὰ νομιζόμενα) waren folgende: Der Sühnesuchende setzte sich in bittender Haltung auf den Herd (ἱστίη = ἑστία) eines Mannes (ἐπίστιος). Dieser opferte ein Ferkel und goß ihm das Blut über die Hand unter Gebeten zu Ζεὺς καθάρσιος. Dann erst durfte der Gastgeber sich nach Namen, Herkunft und Tat des Fremden erkundigen. – ἐπικυρεῖν τινος etw. erlangen. – 2. παραπλησίη τοῖσι Λυδοῖσι ähnlich wie bei den L. – ὁκόθεν (= ὁπόθεν) τε καί τις: indir. und dir. Fragewort nebeneinander. – 3. ὤνθρωπε = ὦ ἄνθρωπε. – 4. ἀμηχανεῖν τινος Mangel haben an etwas. – ἐν ἡμετέρου = ἐν ἡμῶν (sc. οἰκίᾳ); vgl. ἐν Ἅιδου. – κοῦφος leicht.

36. δίαιταν ἔχειν sich aufhalten. – ὑὸς χρῆμα μέγα (volkstümlicher Ausdruck =) ein großes Ding von Eber. – τὰ ἔργα die Felder; vgl. Hom. Od. ξ 344: ἔργα Ἰθάκης. – διαφθείρεσκε und ποιέεσκον sind augmentlose Iterativformen, wie sie das Epos liebt. – Volkstümlich ist auch, wie hier in der Botenrede, die Gewohnheit, die gleiche Redensart wörtlich zu wiederholen. – 2. λογάς (λέγω) auserlesen. – ὡς ἄν: oft bei Hdt. ἄν im Finalsatz. – ἐξέλωμεν etwa = vertilgen. – 3. πέρι: nachgestellt. – τὸ κυνηγέσιον das Jagdgefolge. – **37.** ἀποχρῆσθαί τινι sich mit etwas zufriedengeben. – φάμενος: episches Partizip zu φημί; οὔ φημι = ich lehne ab. – 2. φοιτέοντας: Akk. trotz ἡμῖν. – ἡ ἄγρα die Jagd. – ἀποκληίσας (von ἀποκληίειν = ἀποκλείειν) ἔχεις: diese auch sonst beliebte Verbindung von ἔχειν mit einem Part. Aor. drückt aus, daß aus der durch das Part. angegebenen einmaligen Handlung ein dauernder Zustand geworden ist. – παρορᾶν τί τινι etwas einem ansehen, an ihm bemerken. – τέοισι = τίσι. – φαίνεσθαι mit „angesehen werden".

38. ὄψις ὀνείρου Traumgesicht. – ὀλιγοχρόνιος nur kurze Zeit lebend. – 2. πρὸς τὴν ὄψιν mit Rücksicht auf, wegen dieses Gesichtes. – τὰ παραλαμβανόμενα die Unternehmung. – φυλακὴν ἔχων, εἴ κως ... auf der Hut sein, ob vielleicht ... – διακλέπτειν τινά einen heimlich einer Gefahr entziehen. – εἷς μοῦνος nur einer, der einzige. – διεφθαρμένον (kausal) τὴν ἀκοήν (Akk. d. Bez.) Gehörschaden. – **39.** συγγνώμη (ἐστίν) es ist dir nicht zu verargen, es ist zu verstehen. – τὸ δὲ οὐ μανθάνεις, ἀλλὰ λέληθέ σε τὸ ὄνειρον: zu μανθάνεις (verstehen) gehört 1. der Akk. der Beziehung τό, 2. der Objektsakkusativ τὸ ὄνειρον; zu λέληθε gehört 1. das Subjekt ὄνειρον, 2. der Akk. der Beziehung τό, also: worin du den Traum nicht verstehst und worin dir die Bedeutung des Gesichts verborgen geblieben ist ... – 2. κοῖαι = τίνες. – εἰ μὲν γὰρ εἶπε, ... χρῆν: Irrealis; zu εἶπε erg. τὸ ὄνειρον. – τευ = του = τινός. – οἶκε = ἔοικε. – **40.** ἀμείβεται Κροῖσος: diese Ausdrucksweise: Inversion und Fehlen jeder verbindenden Partikel, scheint auf die λογοποιοί zurückzugehen. – ἔστι τῇ = ταύτῃ. – μεταγιγνώσκειν seine Meinung, seinen Entschluß ändern.

41. δαπάνη Aufwand. – 2. ἀμείβεσθαι χρηστοῖσι mit Gutem vergelten. – κλῶπες, ὁ κλώψ (κλέπτειν) = der Dieb; hier etwa: Wegelagerer. – ἐπὶ δηλήσι = δηλήσει zu unserem Schaden. – 3. χρεόν ἐστιν es ist angebracht. – ἀπολαμπρύνεσθαι sich Ruhm erwerben. – πατρώιος von den Vätern ererbt. – **42.** ἄλλως unter anderen Umständen. – ἤια = att. ᾔειν. – συμφορῇ τοιῇδε κεχρημένον von einem solchen Schicksal getroffen. Das Perf. bezeichnet einen bleibenden Zustand. – ὁμῆλιξ Altersgenosse. – τὸ βούλεσθαι πάρα, πάρα = πάρεστι; daher etwa: ich habe Lust dazu. – πολλαχῇ aus mancherlei anderen Gründen. – 2. ἀπήμων (poet.) unversehrt. – τοῦ φυλάσσοντος εἵνεκεν (= ἕνεκα) soweit es auf mich, seinen Beschützer, ankommt. Beachte die tragische Ironie dieser Worte, auch sonst die düstere Ironie in dem Gespräch! – **43.** ἐξαρτύειν ausrüsten. – 2. καθαρθεὶς τὸν φόνον: wie ist der Akk. zu erklären? – Mit den Worten „καλεόμενος δὲ Ἄδρηστος" will Hdt. darauf hinweisen, daß das nomen ein omen war. Denn Ἄδρηστος (ἀ und δι-δρά-σκω) bedeutet: „der Unentrinnbare". Weder er selber kann dem über ihn verhängten Schicksale entrinnen, noch, wer in seine Lebenskreise tritt, dem Unheil sich entziehen, das von ihm ausgeht. – 3. ἡ φήμη hier: die Ankündigung, Prophezeiung. – ὁ μόρος Geschick, Tod.

44. μᾶλλόν τι = μάλιστα. – δεινολογεῖσθαι heftige Reden führen, aufgebracht sein. – 2. περιημεκτεῖν heftigen Schmerz empfinden. – ἐκάλεε rief betend an; Kroisos rief Zeus an als den Patron der Mordsühne (Z. καθάρσιος), als den Schützer der Gastfreundschaft (Z. ἐπίστιος) und als Schirmherr jedes Freundschaftsbundes (Z. ἑταιρήιος). – **45.** προτείνων τὰς χεῖρας: als Zeichen der Übergabe. – ἀπολωλεκὼς εἴη mit „unglücklich machen". – ἐπ' ἐκείνῃ (sc. συμφορῇ) noch dazu. – οὐ βιώσιμόν μοί ἐστιν ich kann nicht mehr weiterleben. – 2. κατοικτίρειν bemitleiden. – ἡ δίκη hier: die Genugtuung. – εἰ μὴ ὅσον ἀέκων ἐξεργάσαο außer insofern du der unfreiwillige Täter bist. – Die Worte des Kroisos: „εἶς (= εἶ) δὲ οὐ σύ μοι τοῦδε τοῦ κακοῦ αἴτιος, ἀλλὰ θεῶν κού τις" sind eine Nachbildung von Hom. Il. Γ 164: „οὔ τί μοι αἰτίη ἐσσί, θεοί νύ μοι αἴτιοί εἰσιν." – 3. ἡσυχίη τῶν ἀνθρώπων ἐγένετο περὶ τὸ σῆμα es war stille von Menschen um das Grab geworden. – Verbinde συγγιγνωσκόμενος (bei sich erkennend) βαρυσυμφορώτατος (von einem sehr schweren Schicksal heimgesucht) εἶναι ἀνθρώπων, τῶν (= ὧν für οὕς). – τύμβος Grab. – Die schweren mehrsilbigen Wörter dieser gelungenen Periode unterstreichen die Schwere des Schicksals des Adrastos.

An dieser Atys-Adrastos-Geschichte läßt sich das Werden und Wachsen einer historischen Novelle gut verfolgen. Geschichtlich beglaubigt ist nur die Tatsache, daß Kroisos einen Sohn Atys hatte, der in jungen Jahren starb. Dieser Kern wird erweitert durch Motive der Sage (vgl. Textb. S. 4): 1. einen Traum, der dem Vater den frühen Tod des Sohnes anzeigt; 2. den Mann aus der Fremde, der gastlich aufgenommen wird; 3. einen Eber, der die Felder vernichtet; 4. den durch das „übersehene Ding" herbeigeführten Tod.

5. Kroisos und Kyros

86. 2. συννεῖν aufschichten. – In δὶς ἑπτά = 14 soll die 7, eine heilige Zahl, betont und so der Eindruck verstärkt werden. – ἀκροθίνια καταγίζειν (ἀκροθίνια die Erstlinge der Feldfrüchte) das Beste der Kriegsbeute, καταγίζειν (ἅγιος) opfern. – ὅτεῳ δή irgendeinem. – ῥύσεται τοῦ (μὴ) κατακαυθῆναι, ῥύεσθαί τινος vor etwas bewahren, s. VII 11. – 3. ποιέειν: Übergang in die oratio obl. Achte auf den Wechsel von direkter und indirekter Rede! – ἐσελθεῖν einfallen. – σὺν θεῷ aus göttlicher Eingebung. – ὡς προσστῆναι (= ἐσελθεῖν): vgl. z. Inf. 24, 7. – ἀνενεικάμενον, ἀναφέρεσθαι = schwer aufseufzen. – ἀναστενάζειν einen Klageruf ausstoßen. – ἐς τρίς bis dreimal; d. h., er hörte nicht eher auf, bis er den Ruf dreimal ausgestoßen hatte. – 4. τίνα τοῦτον = τίς οὗτος (nämlich: der Gott) εἴη, ὅν. – τέως μέν eine Zeitlang. – τὸν ἂν ἐγὼ πᾶσι ... ἐλθεῖν = τοῦτον ἐπικαλέομαι, ὃν πᾶσι τυράννοισι ἐς λόγους ἐλθεῖν ἐγὼ πολλῶν χρημάτων προετίμησα ἄν. προετίμησα ἂν πολλῶν χρημάτων ich hätte es vielem Gelde vorgezogen, ich hätte viel Geld dafür gegeben. – ἄσημος unverständlich. – 5. λιπαρεῖν beharren, beharrlich bitten. – ὄχλον (Belästigung) παρέχειν zudringlich werden. – ἀρχήν einst. – ἀποφλαυρίζειν verkleinern, verachten. – οἷα δὴ εἴπας (Part.) durch die Worte, die er gesprochen habe. – οὐδέν τι durchaus nicht. – ἐς ἑωυτόν in Hinsicht auf ihn (Kroisos). – τὸ ἀνθρώπινον die Menschheit. – παρὰ σφίσι αὐτοῖσι nach ihrem eigenen Urteil. – ἁμμένης, ἅπτειν hier = anzünden. – 6. ἐννώσαντα = ἐννοήσαντα. – ἐπιλέγεσθαι erwägen, bedenken.

Auf einem im Louvre aufbewahrten griechischen Vasenbilde (vgl. Textb. S. 38) sitzt Kroisos in königlichem Gewande, mit Lorbeer bekränzt, auf dem brennenden Scheiterhaufen, den ein Opferdiener mit Weihwasserwedeln besprengt. Kroisos selbst weiht den Scheiterhaufen ein durch eine Weinspende aus reichverzierter, goldener Schale. Der Vasenmaler hat hier also eine andere Version der Kroisos-Sage (vgl. Textb. S. 4) festgehalten, nach der der gottgeliebte König, wie es auch von anderen orientalischen Großen (Sardanapal, Hamilcar) berichtet wird, seinem Leben durch freiwillige Selbstverbrennung ein Ende gemacht hat. Auch der Dichter Bakchylides (5. Jh. v. Chr.) läßt in gleicher Weise Kroisos im Feuer zu den Göttern eingehen (vgl. Herakles!). Dies scheint die ältere Fassung der Kroisos-Sage gewesen zu sein. Aus der Selbstverbrennung, die ihr unverständlich war, wird griechische Phantasie die Verbrennung durch Kyros gemacht haben.

87. μετάγνωσις Sinnesänderung. – ὥρα = ἑώρα. – ἐπιβώσασθαι: medialer Aor. zu βοάω. – καταλαβεῖν hemmen. – εἴ τί οἱ (= αὐτῷ, sc. Ἀπόλλωνι) κεχαρισμένον ἐξ (= ὑπό) αὐτοῦ ἐδωρήθη wenn er ihm je willkommene Geschenke dargebracht habe. Kroisos hatte dem Delphischen Apollon viele kostbare Weihgeschenke geopfert. – 2. ἐκ δὲ αἰθρίης aus heiterem Himmel heraus, nachdem eben noch heiterer Himmel gewesen sei. – νηνεμίη Windstille. – χειμὼν καταρρήγνυται ein Sturm bricht aus. – ὕει es regnet. – λαβρός gewaltig. – 3. ἀναγιγνώσκειν hier: überreden. – τῇ σῇ μὲν εὐδαιμονίῃ – τῇ ἐμεωυτοῦ δὲ κακοδαιμονίῃ: ein Homoioteleuton. – ἐπαείρειν antreiben. – 4. Das antithetische οἱ παῖδες τοὺς πατέρας – οἱ πατέρες τοὺς παῖδας ist ein πάρισον. Vgl. zu I 5, 4. – **88.** κάτισε = att. ἐκάθισεν. – κάρτα sehr, zu πολλῇ. – ἐν μεγάλῃ προμηθίῃ ἔχειν mit großer Rücksicht behandeln. – ὁρέων = ὁρῶν. – συννοίῃ ἔχεσθαι in Gedanken versunken sein. – 2. μετὰ δέ (adv.) danach. – ἰδόμενος = ἰδών. – κεραΐζειν zerstören. – 3. διαφορέειν davontragen. – ἐμοὶ μέτα (= μέτεστι) es gehört mir. – φέρειν καὶ ἄγειν sc. Sachen und Lebendes. – **89.** ἐπιμελὲς ἐγένετο (unpers. Ausdr.) machte Sorge, Eindruck. – μεθίστασθαι entlassen. – ὅ τι οἱ (= Κύρῳ) ἐνορῴη ἐν τοῖσι ποιευμένοισι was er für ihn (etwa Nachteiliges) an dem Geschehen sehe. – πλέον sc. als du. – 2. ἀχρήματος arm. – ἐπίδοξά sc. ἐστιν es ist zu erwarten. – τοῦτον προσδέκεσθαί (imperat. Inf.) τοι ἐπαναστησόμενον erwarte, daß dieser sich gegen dich erheben wird. – 3. φυλάκους = φύλακας. – λεγόντων ist Imperativ. – σφέα = αὐτά. – δεκατεύειν den Zehnten geben. – συγγιγνώσκειν einsehen. – **90.** ὑποτίθεσθαι raten; ebenso ὑπεθήκατο (= ὑπέθετο). – ἀναρτημένου σεῦ (statt ἀνηρτημένου von ἀναρτᾶν = an etwas aufhängen), ἀνήρτημαι ich bin an etwas gebunden, zu etwas verpflichtet, ich fühle mich verpflichtet. Stimmt die

Konstr. des gen. abs. mit der Regel der Schulgrammatik überein? Der gen. abs. ist gesetzt, um den Gedanken zu verselbständigen und ihm so mehr Nachdruck zu verleihen. – ἀνδρὸς βασιλέος = ὡς ἄνδρὸς βασιλέος ὄντος (appositionell zu σεῦ) als ein königlicher Mann. – 2. Ordne: χαριῇ μάλιστα ἐάσας με ἐπειρέσθαι. – 4. Zu τῶν Λυδῶν erg.: τινάς. –τοῦ νηοῦ = τοῦ νεώ. – ὁ οὐδός die Schwelle. – ἐπάρας (verleiten) abh. von ἐπαισχύνεσθαι. – ἀκροθίνιον Erstlingsgabe. – Ordne: καὶ εἰ νόμος (ἐστὶν) τοῖσι Ἑλληνικοῖσι θεοῖσι ἀχαρίστοισι εἶναι.

91. ἀδύνατά ἐστι = ἀδύνατόν ἐστιν. – πεπρωμένος (πέπρωμαι Perf. Pass. zu πορεῖν) = vom Schicksal bestimmt, verhängt. – ἡ μοῖρα Schicksal, Los, Geschick. – ὁ γονεύς der Ahnherr, nämlich Gyges. – ἡ ἁμαρτάς (ion.) das Vergehen. – ἐκπιμπλάναι büßen. – δορυφόρος Ἡρακλειδέων: vgl. Verz. d. Eigenn. u. d. W. Ἡρακλεῖδαι. – 2. κατὰ τοὺς παῖδας (vgl. οἱ καθ' ἡμᾶς) zu Lebzeiten der Nachkommen. – τὸ πάθος γίγνεταί τινος das Unheil bricht herein über jmd. – παράγειν ablenken. – 3. ὅσον ἐνέδωκαν αὗται (sc. αἱ μοῖραι) soviel das Geschick zuließ. – ἐχαρίσατό οἱ sc. Κροίσῳ. – ἐπαναβάλλεσθαι aufschieben. – ἁλούς: abh. von ἐπιστάσθω. – ὕστερον τῆς πεπρωμένης später, als ihm ursprünglich bestimmt war. – δεύτερα τούτων (gen. compar.) nach diesem, dann. – ἐπαρκεῖν helfen. – 4. εὖ zu βουλεύεσθαι. – ἐπειρέσθαι πέμψαντα nachfragen lassen. – οὐ συλλαβὼν δὲ τὸ ῥηθέν den Spruch nicht verstehend. – αἴτιον ἀποφαίνειν als schuldig erklären. – 6. ὑποκρίνεσθαι = ἀποκρίνεσθαι.

In historischer Zeit hat Kroisos als erster von den orientalischen Herrschern mit feindlichen Handlungen gegen Griechen begonnen, indem er die kleinasiatischen Griechen angriff und unterwarf (I 6).

Sein Krieg gegen Kyros verrät denselben Eroberungsdrang. Hybris war es schon, Anspruch auf die Bezeichnung des „Glücklichsten" zu erheben, Hybris trieb ihn auch über den Halys, die ihm von der Natur gezogene Grenze. Sein Schicksal entsprach daher der göttlichen Weltordnung (vgl. Textb. S. 16).

II. Aus der Geschichte der Meder und Perser

1. Die Jugend des Kyros

107. Ἀστυάγει: Astyages (babyl. Ištuwegu), Sohn des Kyaxares, war seit 585 König von Medien; seine Tochter, die spätere Gemahlin des Kyros, hieß nach anderer Überlieferung Ἄμυτις. Ob Mandane eine historische Person ist, ist zweifelhaft. – οὐρεῖν Wasser lassen. – ἐπικατακλύζειν noch dazu überschwemmen. – ὑπερτίθεσθαι unterbreiten. – τῶν μάγων τοῖσι ὀνειροπόλοισι, μάγοι hießen die Priester und Weisen der Perser, die sich auch auf geheime zauberische Künste verstanden; die Traumdeuter (ὀνειροπόλοι) waren eine besondere Gruppe der Magier. – 2. ὡραῖος c. gen. reif für etwas. – ἄξιος hier = ebenbürtig. – ἡ ὄψις das Traumgesicht. – ἔνερθε ἄγειν für geringer ansehen. – μέσος mittleren Standes.

108. ἐπέχειν hier: sich über einen Raum hin ausbreiten. – ἐκ τῶν αἰδοίων aus dem Schoß. – 2. ἐπίτοκα: Akk. von ἐπίτοκος schwanger. – τὸ γεννώμενον (von γεννᾶν) ἐξ αὐτῆς ihr Kind. – οἱ verb. mit ἐσήμαινον. – 3. ταῦτα φυλασσόμενος etwa: verhindern wollen. – οἰκήιος (= οἰκεῖος) verwandt. – ἐπίτροπος Verwalter. – 4. παραχρῆσθαι fahrlässig behandeln. – παραβάλλεσθαί τινα jmd. betrügen, täuschen. – ἄλλους ἑλόμενος (vgl. τὰ τῶν Ἀθηναίων αἱρεῖσθαι) die Partei der anderen ergreifen. – ἐξ ὑστέρης = ὕστερον. – ἑαυτῷ περιπίπτειν auf sich selbst fallen, selbst ins Unglück geraten. – 5. παρορᾶν τί τινα etwas an jdm. bemerken. – ἀνδρὶ τῷδε (wie in der Tragödie) = ἐμοί. – ἐς σὲ καὶ ἐς τὸν μετέπειτα χρόνον: das zweite ἐς ist temporal. – μηδέν etwas; die Negation setzt die in φυλασσόμεθα steckende Negation fort. – τὸ ἐμὸν ὑπηρετεῖται (ὑπηρετεῖν dienen, helfen, ὁ ὑπηρέτης der Diener) meine Pflicht wird erfüllt.

109. Zu τὴν ἐπὶ θανάτῳ erg. κόσμησιν. – 2. τῇ = ταύτῃ, ᾗ. – παραφρονεῖν von Sinnen sein. – προστίθεσθαι bestimmen. – τοιοῦτον so fluchwürdig. – 3. ἄπαις ἔρσενος (= ἄρσενος) γόνου ohne männlichen Nachkommen. – 4. ἐθελήσει, ἡ τυραννὶς ἐθελήσει ἀναβῆναι die Herrschaft soll übergehen. – ἄλλο τι ἤ = nonne? – λείπεται (von Sterbenden) wird hinterlassen; mit „erwarten". – τοῦ ἀσφαλέος = τῆς ἀσφαλείης. – Zu τῶν τινα erg. ὑπηρετῶν. – Kann Harpagos sich auf diese Weise der Verantwortung für die Tötung des Kindes entziehen? – **110.** ἐπὶ τῶν βουκόλων = ἐπὶ τοῦτον τῶν βουκόλων, τόν ... – νομή Weide. – ἐπιτηδεοτάτας besonders geeignet (für sein Vorhaben) – συνδούλη Mitsklavin. – Κυνώ: der Name hängt mit κύων zusammen. Nach der Volkserzählung war der kleine Kyros von einer Hündin gesäugt und so am Leben erhalten worden. – 2. ἡ ὑπωρέη die Gegend am Fuß eines Berges. – πρὸς βορέω τε ἀνέμου nordwärts. – πρὸς τοῦ πόντου Εὐ. nach dem Pontos E. hin. – πρὸς Σασπείρων: die S. bewohnten die Gegend des heutigen Tiflis. – ἴδη ion. = ὕλη. – συνηρεφής bedeckt mit etwas. – ἄπεδος eben. Diese Behauptung ist nicht ganz zutreffend. – 3. περιποιεῖν am Leben erhalten. – σε ist Objekt zu διαχρήσεσθαι (zugrunde richten). – **111.** ἡ ἔπαυλις die Hütte. – ἐπίτεξ der Niederkunft entgegensehend. – πᾶσαν ἡμέρην jeden Tag. – κατὰ δαίμονα nach göttlicher Fügung. – τοῦ τόκου (τόκος Geburt) ist gen. obi. zu ἦσαν ἐν φροντίδι (sie waren in Sorge), davon ist auch der indir. Fragesatz ὅ τι ... μετεπέμψατο abhängig. ἀρρωδέων (ängstlich) verstärkt ἦσαν ἐν φροντίδι. – 2. οἷα (auch οἷα δή) steht bei kausalen Partizipien. – ἐξ ἀέλπτου unerwartet. – τὸ μήτε ἰδεῖν ὄφελον μήτε κοτὲ γενέσθαι, τό ist Objekt zu ἰδεῖν und Subjekt zu γενέσθαι; ὄφελον (= ὤφελον) deutet den irrealen Wunsch an. Aus ὄφελον ist zu γενέσθαι ein ὄφελεν zu ergänzen. – κλαυθμῷ κατείχετο hallte von Klagen wider. – 3. ἀσπαίρειν zappeln. – κραγγάνεσθαι schreien. – θηριωδέστατον τῶν ὀρέων die wildreichste Stelle im Gebirge. – σφέα (enkl.) = αὐτά. – 4. καταδοκεῖν vermuten. – ἔνθεν γε woher in Wirklichkeit. – πρὸς δέ adv. – κλαυθμὸν κατεστεῶτα ἐμφανέα (laut) erg. ἀκούων; κατεστεῶτα = ὄντα. – 5. πρόκατε = πρόκα sogleich. – τὸ βρέφος das Kind.

112. μέγα τε καὶ εὐειδές: Körpergröße gehört zum griech. Schönheitsideal. – χρηΐζειν bitten. – μηδεμιῇ τέχνῃ auf keinen

Fall. – ἀπολέεσθαι: nämlich er, der Rinderhirt. – 2. τέτοκα: Perf. von τίκτειν, beachte die Anapher! – ἁλώσεαι ἀδικέων, ἁλίσκεσθαι (= überführt werden) wird mit dem Part. verbunden. – 3. ἡμῖν als dat. auctoris und commodi zu verstehen. – **113.** κάρτα (sehr) zu εὖ. – τὸν μὲν . . ., τοῦτον: der Relativsatz ist vorangestellt. – τὸ ἄγγος der Korb. – 2. ὁ πρόβοσκος: Gehilfe des βουκόλος, der das Vieh auf die Weide treibt. – φύλακον, ὁ φύλακος (ion.) = ὁ φύλαξ. – 3. οὔνομα ἄλλο κού τι θεμένη: nach Strabo hat Kyros früher den Namen Ἀγραδάτης geführt; nach Herodots Meinung haben ihm die Eltern den Namen des Großvaters gegeben (I 111: Καμβύσεω τοῦ Κύρου). – **114.** ἐς αὐτὸν γενόμενον (ein Ereignis), das ihm begegnete. – ἐκφαίνειν ans Licht bringen, wer er war. – ἐπίκλησιν dem Namen nach, angeblich. – 2. διατάττειν anordnen. – αὐτῶν: abh. von τοὺς μέν. – ὀφθαλμοί βασιλέος: so hießen bei den Persern Beamte, durch die der König gewissermaßen das Volk sah, da sie ihm über alle besonderen Vorgänge unmittelbar Bericht erstatten mußten; sie bildeten mit den ὦτα βασιλέος eine Art Geheimpolizei. – 3. Die Konstruktion des Satzes εἷς δὴ τούτων usw. ist verunglückt; bei εἷς schwebte schon das ἐποίησε des begründenden Zwischensatzes οὐ γὰρ δή usw. vor; übersetze, als wenn da stände: εἷς δὴ τούτων . . . οὐκ ἐποίησε τὸ προσταχθὲν ἐκ (= ὑπὸ) τοῦ Κύρου, διὰ τοῦτο ἐκέλευε (Κῦρος) τοὺς ἄλλους παῖδας αὐτὸν διαλαβεῖν (ergreifen) . . . – περιέσπε, περιέπειν = hart behandeln. – μαστιγέειν ion. = μαστιγοῦν peitschen. – 4. μᾶλλόν τι = μάλιστα. – περιημεκτεῖν unwillig sein. – ἀποικτίζεσθαι unter Tränen erzählen. – τῶν (= τίνων) ὑπὸ Κύρου ἤντησεν was ihm von K. widerfahren war. – πρός zu παιδός. – 5. ὡς εἶχε unverzüglich. – ἀνάρσιος übel.

115. τιμωρεῖν τῷ παιδί bestrafen. – 2. ἀεικείη Mißhandlung. – ταῦτα τοῦτον ἐποίησα: wie εὖ (κακῶς) ποιεῖν mit doppeltem Akk. – 3. οὐδένα λόγον ἔχειν sich nicht daran kehren. – ἐς ὅ (in Hinblick worauf =) wofür. – δίκην λαβεῖν (eigtl.: bestrafen); hier: seine Strafe bekommen. – **116.** ἐσήιε ἀνάγνωσις (= ihn überkam Erkennen =) er erkannte. – προσφέρεσθαι εἴς τινα übereinstimmen, ähnlich sein. – ὑπόκρισις ion. = ἀπόκρισις. – ἐλευθερωτέρη, ἐλεύθερος hier: was dem Freien zukommt, freimütig; dazu erg.: ἢ κατὰ δούλου παῖδα. – 2. ἐπὶ χρόνον eine Zeitlang. – δή κοτε endlich. – ἀνενεχθείς wieder zu sich gekommen. – βασανίζειν verhören. – ποιήσω ὥστε ... μηδὲν ἐπιμέμφεσθαι ich werde alles tun, daß ... in keiner Weise euch zu beklagen braucht. – 3. πέμπει hier: er entläßt. – μοῦνος μουνόθεν ganz allein. – 4. εὖ βουλεύεσθαι gut beraten sein. – ἐπιθυμέοντα: Ironie! – ἀνάγκαι Zwangsmittel, Folter. – 5. τὸν ἐόντα λόγον die Wahrheit. – κατέβαινε ἐς λιτάς: vgl. lat. ad preces descendere; auch zu κελεύων ergänze κατέβαινε und übersetze: er ging so weit zu bitten (vgl. I 118: κατέβαινε λέγων). – συγγνώμην ἔχειν verzeihen. – **117.** ἤδη καί nun schon. – λόγον ἐλάσσω ποιεῖσθαι nicht viel Wesens machen um jmd. – καί μεγάλως gar sehr. – 2. τέῳ = τίνι. – ὁ μόρος der gewaltsame Tod. – καταχρῆσθαι töten. – 3. θυγατρὶ τῇ σῇ in den Augen, vor deiner Tochter. – αὐθέντης wer den Mord mit eigener Hand vollbringt. – 4. κατὰ τάδε = ὧδε. – ἄχρι (= μέχρι) οὗ bis. – 5. εἶδον δι' ἐκείνων ich ließ durch jene nachsehen.

118. τὸν ἰθὺν λόγον, ἰθύς aufrichtig; das Bild ist vom Wege genommen; vgl. I 117, 2 ψευδέα ὁδόν. – ἐνεῖχε = ἔνδον εἶχε. – κατά = καθ' ἅ wie. – παλιλλογεῖν wiedererzählen. – 2. κάμνειν: hier von seelischem Leid. – διαβάλλεσθαί τινι sich mit jmd. entzweien. – ἐν ἐλαφρῷ ποιεῖσθαι = περὶ ὀλίγου ποιεῖσθαι. – νέηλυς neu angekommen. – σῶστρα θύειν Opfer für die Rettung darbringen. – τοῖς θεῶν = τούτοις τῶν θεῶν, οἷς. – **119.** προσκυνήσας (Etymologie?): die Proskynesis gehörte zum persischen Hofzeremoniell. Wer in Audienz empfangen wurde, mußte sich vor dem Herrscher hinknien und so tief verneigen, daß er mit der Stirn den Boden berührte. – μεγάλα ποιεῖσθαι für großes Glück ansehen. – εἰς δέον γίγνεταί τί μοι etwas wird mir als Wohlverhalten angerechnet. – ἐπὶ τύχῃσι χρηστῇσι etwa: zu seinem großen Glück. – 2. κου μάλιστα ungefähr. – 3. κατὰ μέλεα, κατά ist hier distributiv: die einzelnen Glieder. – ἕψειν kochen. – εὔτυκτος wohlzubereitet. – 4. δαιτυμών Gast. – τράπεζαι: jeder Gast bekam ein Tischchen vorgesetzt. – κρέας μήλεον

Hammelfleisch. – ἄκραι χεῖρες, ἄκροι πόδες Hände, Füße. – 5. ἡ θοίνη (ein Wort der hohen Poesie) das Gastmahl. – 6. τὸ λεῖμμα der Rest. – ἐντὸς ἑαυτοῦ γίγνεσθαι seine Fassung nicht verlieren. – ὅτευ = οὗτινος. – ἀρεστόν wohlgetan. – ἔρδειν tun. – 7. ἁλίζειν sammeln.

120. δίκην ταύτην dieses als Strafe. – ταύτῃ κρίνειν so deuten, s. 107. – κατὰ ταὐτά in der gleichen Weise. – χρῆν hätte müssen. Die Magier waren der Meinung, der Knabe sei tot. – 2. ἔστι, περίεστι er lebt noch, ist nicht getötet. – οἱ ἀληθέϊ λόγῳ βασιλέες die wirklichen Könige. – 3. φέρειν führen, deuten. – εἶπαν οἱ μάγοι: vgl. zu I 40. – ἐκ προνοίης auf Grund eines vorbedachten Planes (d. h. wenn das Spiel der Knaben und dieses βασιλεύειν des Kyros nicht von Leuten veranlaßt worden ist, die aus irgendwelchen Gründen das Traumgesicht in weit harmloserer Form in Erfüllung gehen lassen wollten). – παρὰ σμικρὰ χωρεῖν und ἐς ἀσθενὲς ἔρχεσθαι bedeuten beide: auf Unbedeutendes hinauslaufen, sich als harmlos erweisen. – τὰ τῶν ὀνειράτων ἐχόμενα: der umständliche Ausdruck will besagen, daß das Urteil über Träume in vollem Umfange gilt; übersetze: und was nun gar die Träume angeht. Hdt. denkt freilich anders über die Bedeutung der Träume; vgl. Textb. S. 14. – 4. ταύτῃ πλεῖστος γνώμην εἰμί ich bin durchaus der Meinung. – ἐξήκειν erfüllt sein. – 5. κείνως in jenem Falle (d. h. wenn der Knabe König wird). – ἀλλοτριοῦσθαι in fremde Hände kommen. – πολιήτης hier mit „Landsmann“. – 6. προοπτέον von προορᾶν c. gen. sorgen für. – τὸ μέρος für unsern Teil. – ἐς φλαῦρον ἀποσκήπτειν sich als unbedeutend erweisen. – ἕτερα τοιαῦτα παρακελευόμεθα: d. h. wir raten dir, ebenso unbesorgt zu sein. – οἱ γεινάμενοι die Eltern.

121. οὐ τέλεος nichtig. – περίεις = 2. Pers. sg., περιεῖναί τινι überleben. – οὐ κατὰ Μιτραδάτην nicht von der Art des M. – **122.** ἐπύθοντο sie erkundigten sich, nämlich ὁκόθεν καὶ τίς εἴη. – ἐπιστάμενοι hier: meinen, glauben. – ἱστορεῖν (vgl. Textb. S. 6) sich erkundigen. – 2. πρὸ τοῦ bisher. – πλεῖστον ἡμαρτηκέναι sich im größten Irrtum befinden. – ἀπὸ τῆς κεῖθεν ὁδοῦ seit seiner Abreise von dort. – 3. εἶμι αἰνέων ich hebe an zu loben (vgl. zu I 5, 3). – διὰ παντός sc. τοῦ λόγου. – τὰ πάντα der Mittelpunkt. – παραλαβόντες aufgreifend. – φάτιν καταβάλλειν das Gerücht ausstreuen, verbreiten. – **130.** 3. ὕστερον τούτων (wörtl.?) = nach diesen Ereignissen. – In den Worten Κροῖσον ἄρξαντα ἀδικίης läßt Hdt. das Leitmotiv (vgl. Textb. S. 12) wieder aufklingen.

Daß ein Tier ein ausgesetztes Kind säugt und am Leben erhält, ist ein häufiges Sagenmotiv (vgl. Romulus und Remus, Wolfdieterich). Wie aus I 122, 3 zu ersehen ist, hat diese Version auch Hdt. vorgelegen; doch hat er es vorgezogen, sie zu rationalisieren (vgl. Textb. S. 14): aus dem κύων wird die Pflegemutter Κυνώ; und wenn die Vermutung zutrifft, daß hinter dem Pflegevater Μιθραδάτης (ion.: Μιτραδάτης) der persische Sonnengott Μίθρας selber steht, dann gewinnt das θειοτέρως in I 122 ganz besondere Bedeutung.

Außerdem sind folgende Sagenmotive verwandt: 1. Aussetzung und wunderbare Rettung eines Kindes; 2. das Atreusmahl; 3. der Traum als erregendes Moment. Hdt. erzählt die Aussetzung des Kyros weniger nun ihrer selbst willen als vielmehr wegen der sich daraus ergebenden dramatischen Situationen und Folgen: menschlicher Zwiespalt in gefährlichen Lagen, die Entartung des Verhältnisses zwischen König und Wesir, die Rache des Königs, die schicksalhaften Züge im Leben des Kyros.

2. Aus der persischen Ethnographie

131. ἐν νόμῳ ποιεῖσθαι = ἔννομον ποιεῖσθαι für erlaubt halten. Zum Gedanken vgl. Tac. Germ. 9: nec cohibere parietibus deos neque in ullam humani oris speciem assimulare ex magnitudine caelestium arbitrantur. – μωρίην ἐπιφέρειν Torheit vorwerfen. – ἀνθρωποφυής von menschlicher Gestalt (anthropomorph). – ἐνόμισαν sie hatten die Überzeugung gewonnen (als dieser

Brauch sich bildete). – κατά περ = καθ' ἅπερ wie. – 2. οἱ δέ = ἀλλά. – νομίζουσι c. inf. = sie pflegen. – Διί: der höchste Gott heißt nach der Lehre Zarathustras Ahuramazda = der sehr weise Herr. Er ist der Schöpfer des Lichts und alles Guten und lebt in beständigem Kampf mit Ahriman, dem bösen Prinzip. Zwischen beiden hat der Mensch zu wählen. – θυσίας ἔρδειν (tun) Opfer darbringen. – τόν κύκλον πάντα usw.: diese Gleichsetzung des Himmelsgewölbes mit Ahuramazda ist unrichtig. A. ist vielmehr der Schöpfer des Himmels. – θύουσι Ἡλίῳ: im Avesta, der heiligen Schrift der Parsen, aus dem 6. od. 5. Jhdt. v. Chr., findet sich folgende Anrufung: „Die Sonne preisen wir, den Mithra, den Herrn aller Gegenden, den Ahuramazda geschaffen hat als glänzendsten der himmlischen Yazatas" (= der „verehrungswürdigen" Schutzgeister). Mithras war ein alter persischer Lichtgott, dessen Kult sich zu einer Weltreligion entwickelte und namentlich in den römischen Heeren beliebt war. Heiligtümer des Gottes (Mithräen) sind u. a. in Heddernheim, Stockstadt, Wiesbaden wiedergefunden. Zur Aufnahme in die Mysterien des M. gehörte eine Reihe sich steigernder Prüfungen (Hunger, Durst, Geißelungen), durch die der Eintretende sich auf die Weihen vorzubereiten hatte. Dargestellt wurde der Gott als eine jugendliche Erscheinung in orientalischem Gewande, der einen Stier niedergeworfen hat und ihn mit dem Schwerte tötet.

133, 3 οἴνῳ προσκέαται, κέαται = κεῖνται; προσκεῖσθαι = zugetan sein. Zum Gedanken vgl. Tac. Germ. 22: de reconciliandis invicem amicis et iungendis affinitatibus . . ., de pace denique ac bello in conviviis consultant . . . Postera die retractatur et salva utriusque temporis ratio est: deliberant, dum fingere nesciunt; constituunt, dum errare non possunt. – ἐμεῖν speien. – οὐρεῖν: vgl. 107. – μεθυσκόμενοι im Rausch. – 4. ἐν τοῦ ἐόντες = οὗ ἐν τῇ οἰκίᾳ ἐόντες. – νήφειν nüchtern sein. – μετιεῖσι = μεθιᾶσι. – **135.** κουρίδιος rechtmäßig. – παλλακή Nebenfrau. – **136.** ἀποδέδεκται (ist vorgezeigt) gilt. – Verb. μετὰ τὸ εἶναι ἀγαθόν. – μάχεσθαι ist Akk. d. Bez. – ὃς ἄν erklärt αὕτη, = ἥν τις. –

τὸ πολλόν die Menge. – 2. παιδεύουσι = διδάσκουσι. – ἀληθίζεσθαι (ion.) = ἀληθεύειν; vgl. 138 zu ψεύδεσθαι. – δίαιταν ἔχει = διαιτᾶται. – ἡ ἄση die Trauer. – **138.** νενομίσθαι gelten. – ψεύδεσθαι: nach Zarathustras Lehre ist die Lüge „eine Befleckung der Seele und ein Vergehen gegen den alles sehenden und alles hörenden Mithras". – τὸ ὀφείλειν χρέος (= att. χρέως) das Schuldenmachen. – λέπρη Aussatz, Lepra. – λεύκη weißer Aussatz. Auch im Alten Testament wurde die Absonderung der Aussätzigen gefordert; vgl. Mose 3,13. – 2. ὑπὸ τούτων sc. von diesen Krankheiten.

3. Kyros erobert Babylon (539 v. Chr.)

178. Ἀσσυρίοισι: als Ἀσσυρίη bezeichnet Hdt. das gesamte Land zwischen Iran, Armenien und der syrisch-arabischen Wüste, also auch Babylonien. – ἄλλα ist mit πολλά zu verbinden. – ἔνθα = ἐν ᾧ. – Νίνου ἀναστάτου (zerstört) γενομένης: Ninive, Hauptstadt des assyrischen Reiches, wurde im Jahre 612 durch den Mederkönig Kyaxares zerstört. – βασιλήια (Sitz der) Regierung. – 2. μέγαθος und μέτωπον (= Seite) sind Akkusative der Beziehung. – 3. ὁ πῆχυς als Längenmaß: die Elle, d. h. die Strecke von der Spitze des Ellbogens bis zur Spitze des Mittelfingers; πῆχυς βασιλήιος, die königliche, d. h. die persische Elle, betrug 532,8 mm, während die πῆχυς μέτριος, d. h. die gemeine Elle, bei Persern und Griechen sich auf 444 mm belief. – **179.** 3. παρὰ τὰ ἔσχατα an den Rändern, an beiden Seiten. – μουνόκωλος einstöckig. – τετραμμένα ἐς ἄλληλα (wörtl.?) = einander gegenüber. Unter den οἰκήματα sind πύργοι (verw. mit „Burg") zu verstehen, d. h. auf der Stadtmauer angelegte, zur Verteidigung dienende Türme. Es sollen im ganzen 250 einzellige Türme gewesen sein, in denen sich die Wachen aufhielten. – τὸ μέσον τῶν οἰκημάτων: der Zwischenraum zwischen den beiden Turmreihen. – τὸ τέθριππον ein Wagen mit vier Pferden nebeneinander. – περιέλασιν: als

Raum zum Herumfahren. – ὁ σταθμός der Türpfosten. – τὸ ὑπέρθυρον die Oberschwelle.

180. φάρσεα πόλιος Teile der Stadt, Stadtviertel. – τὸ μέσον αὐτῆς für: μέσην αὐτὴν διέργει (= διείργει durchschneidet). – Ἐρυθρὴ θάλασσα hier = der Persische Golf. – 2. τὸ τεῖχος ἑκάτερον die Mauer beider Stadtteile. – τοὺς ἀγκῶνας ἐς τὸν ποταμὸν ἐλήλαται, τοὺς ἀγκῶνας ist Akk. der Beziehung: die Mauer ist mit ihren „Armen" bis an den Euphrat geführt. – τὸ ἀπὸ τούτου (adv.) von hier ab. – ἐπικαμπαί Seitenmauern. – τὸ χεῖλος die Lippe; hier: das Flußufer. – αἱμασιή (prädik.) als Steindamm. – ἡ πλίνθος der Ziegelstein. – ὀπτός gebrannt. – παρατείνειν intrans. = sich daneben hinziehen; 3. Pers. sg. nach αἱμασιή. – 3. τριώροφος dreistöckig. – κατατέτμηται τὰς ὁδοὺς ἰθέας (die Stadt) ist zerschnitten in gerade Straßen, d. h. ist mit geraden Straßen in die Länge durchschnitten. – τὰς ἐπικαρσίας ... ἐχούσας; ἐπικάρσιος = in die Quere, schräg; ἔχειν = verlaufen; übersetze: durch welche andere quer durch nach dem Strome zu verlaufen. Das Straßennetz war also, wie etwa das von Mannheim, quadratisch angelegt. – 4. ἡ λαῦρα die Straße, gemeint sind die ἐπικάρσιαι ὁδοί. – **181.** θώρηξ: die beiden Befestigungsmauern zu beiden Seiten des Stromes umgeben die Stadt wie ein „Harnisch". – οὐ πολλῷ τεῳ um gar nicht viel. – 2. τὰ βασιλήια das königliche Schloß. – ὁ περίβολος die Ringmauer. – Διὸς Βήλου: Baal, der höchste Gott der Babylonier. – 3. ἐπιβέβηκε er steht darauf. – μάλα wieder. – μέχρι οὗ = μέχρι; davon abhängig πύργων. – 4. ἀνάβασις die Treppe. – ἔχουσα sich herumziehend. – μεσοῦντι (dat. relationis =) wenn man in der Mitte ist. – ἡ καταγωγή der Platz zum Ausruhen. – ὁ θῶκος (= att. θᾶκος) der Sitz. – 5. νηός Tempelhaus. – εὖ ἐστρωμένη mit schönen Decken belegt. – οἱ sc. κλίνῃ. – ὅτι μή außer. – Χαλδαῖοι: im 11. Jh. aus Ostarabien in Mesopotamien eingedrungen, übernahmen sie im neubabylonischen Reich die Herrschaft. Sie beschäftigten sich mit Astrologie und entwickelten sich zu einer Priesterkaste ähnlich wie die Magier bei den Persern. – Die Ausgrabungen haben Herodots Angaben bestätigt. Allerdings muß die Basis des Turms mitgezählt werden, um auf die von Hdt. angegebenen acht Terrassen zu kommen. Der „Turm von Babel“ hat Anlaß zu der Geschichte von der Sprachverwirrung gegeben. Neben religiösen Zwecken diente das Bauwerk auch zur Beobachtung der Gestirne. Jedenfalls hat es ihn wirklich gegeben. Er wurde von Nebukadnezar (604–562 v. Chr.) wiederhergestellt. Er hat bei einer Grundfläche von 90 x 90 Metern eine Gesamthöhe von ebenfalls 90 Metern. „Dreiunddreißig Meter hoch war das erste Geschoß, achtzehn das zweite, je sechs Meter das dritte, vierte, fünfte und sechste, fünfzehn Meter aber der Tempel Marduks, des Gottes von Babylon, gedeckt mit Gold und geschmückt mit blauen Ziegeln, weithin leuchtend und die Reisenden grüßend“ (Ceram).

190. ἑσσωθέντες, ἑσσόομαι ion. = ἡττάομαι. – κατειλήθησαν; κατειλεῖν = zusammendrängen. – 2. ἔτι πρότερον schon früher. – προεσάξαντο von προ-εσ-άγειν; att. ἠγαγόμην = ion. ἠξάμην. – σιτία πολλῶν ἐτῶν Proviant für viele Jahre. – λόγον ἔχειν sich Sorge machen. – χρόνου ἐγγινομένου da die Zeit dabei verfloß. – ἀνωτέρω προκόπτεσθαι (woher ist das Bild genommen?) = vorwärts gehen. – **191.** 2. ἐξ ἐμβολῆς = an der Stelle, wo der Euphrat in die Stadt einfließt. – ὄπισθε τῆς πόλιος an der entgegengesetzten Stelle der Stadt. – ταύτῃ: nämlich durch den Strom. – τὸ ἀχρήιον der zum Kampfe untaugliche Teil. – 3. Ordne: ὁ Κῦρος ἐποίεε ἕτερα τοιαῦτα (= dasselbe), τά περ ἡ τῶν Β. βασίλεια ἐποίησε κατά τε τὸν ποταμόν (= mit dem Flusse). Gemeint ist die assyrische Königin Nitokris, die in ähnlicher Weise den Strom abgeleitet haben soll. – τὸ ἕλος der Sumpf. – ποταμοῦ ὑπονενοστηκότος ἀνδρί ... des Flusses, der so weit gesunken war, daß er ... reichte ... – 4. ὡς μάλιστά κῃ ungefähr. – 5. οἱ δ᾽ ἂν περιιδόντες: an vorhergehende konditionale, temporale und relative Nebensätze wird der Hauptsatz, auch bei gleichem Subjekt, oft mit δέ angeschlossen. – 6. τῶν περὶ ... ἑαλωκότων ist gen. abs. – τὰ ἔσχατα: d. h. die am Euphrat liegenden Stadtteile. – ἀραίρητο, att. ᾕρημαι = ion. ἀραίρημαι.

Nach neueren Erkenntnissen wurde Babylon durch die Priesterschaft des Gottes Marduk den Parsen in die Hände gespielt. Sept./Okt. 539 zog Gobryas ohne Gegenwehr mit seinem Heer in die Stadt. Am 29. Okt. nahm Kyros selbst von Babylon Besitz. Er legte sich den Titel „König der Länder“ = Großkönig bei; sein Sohn Kambyses wurde „König von Babylon“.

4. Der Tod des Kyros

206. ἔχοντι ... πόνον während er damit beschäftigt war. – ταῦτα: gemeint ist der Brückenbau. – 2. ἡ ὑποθήκη der Ratschlag. – δι' ἡσυχίης εἶναι in Frieden leben. – ἄπες = ἄφες. – ἐς τὴν ἡμετέρην sc. χώραν. Der Fluß bildet die Grenze. – 3. ποιέῃ: coni. deliberativus. – συνεκπίπτειν wird eigentlich von den aus der Urne geschüttelten Stimmsteinen gebraucht. – **207.** τοι = σοι. – ὅτι mit Inf. wegen der Zwischensätze. – τὸ σφάλμα das Unheil. – ἐόντα ἀχάριτα (bitter) zu παθήματα. παθήματα – μαθήματα: Assonanz. – τοιαύτης: näml. ἀθανάτου. – 2. οὐδὲν ἄν εἴη πρῆγμα ich hätte nicht nötig. – εἷς = εἶ. – κύκλος: vgl. Textb. S. 15. – 3. ἤδη ὦν darum nun. – τὰ ἔμπαλιν (adv.) entgegengesetzt. – ἑσσωθείς von ἑσσοῦσθαι = ἡττᾶσθαι. – ἐπ' ἀρχὰς τὰς σάς gegen deine Provinzen. – 4. ὅσον erg. νικῴης ἄν. – νικῶν: duratives Präsens. – τὠυτό eben das = dieselbe Überlegung. – ἰθύ (= εὐθύ) c. gen. geradewegs in. – 5. ἀπηγημένου: Passiv. – οὐκ ἀνασχετόν erg. ἐστίν. – διαβάντας sc. ἡμᾶς τὸν ποταμόν. – διεξίωσι hier = (durch das Land) zurückweichen.

214. ἐσακούειν τινί auf jmd. hören. – συμβάλλειν τινί mit jdm. handgemein werden. – ὅσαι für πασέων, αἵ. – 2. διαστάντας von weitem. – συνέχεσθαι sich zu Leibe gehen. – 3. ἡ πολλὴ τῆς στρατιῆς: die Quantitätsbezeichnung (πολύ) hat sich im Genus nach dem abh. gen. part. gerichtet. – τὰ πάντα im ganzen. – 4. ὁ ἀσκός der Schlauch. – δίζημαι ich suche. – ἐναπῆκε von ἐναφίημι = ich stecke hinein. – λυμαίνεσθαι schänden. – 5. κατά περ = καθ' ἅ περ = wie. – κορεννύναι τινός mit etw. sättigen. – τὰ ... τελευτὴν τοῦ βίου: adv. Ausdruck. – πολλῶν λόγων λεγομένων: Es gibt, wie Hdt. sagt, voneinander abweichende Berichte über den Tod des Kyros. Er ist i. J. 529 auf einem Feldzug gegen ein Barbarenvolk, wahrscheinlich eben die Massageten, gefallen. Seine Leiche wurde in Pasargadai, dem Stammsitze seines Geschlechtes, beigesetzt.

Zur Lektüre über den „Turm zu Babel" wird empfohlen C. W. Ceram, Götter, Gräber und Gelehrte, S. 303 ff.

Buch II

III. Ägypten

1. Die Thronbesteigung des Kambyses

1. τῆς προαποθανούσης, τῆς = ἧς; προ- durch „früh". – μέγα πένθος ἐποιήσατο er trauerte sehr. – προεῖπε, προλέγειν = bekanntgeben, befehlen. – 2. ὡς ... ἐόντας gleichsam. – στρατηλασίη (ion.) = στρατεία. Er fand etwa 527 statt. – Vor Ἑλλήνων erg.: τούτους.

In der Überleitung zum „ägyptischen Logos" prägt Hdt. mit den Worten: „Ἴωνας καὶ Αἰολέας ὡς δούλους πατρωίους ἐόντας" zunächst noch einmal das „Leitmotiv" ein. Jener Logos selbst füllt ein ganzes Buch.

2. Versuch des Pharao, das Alter seines Volkes festzustellen

2. πρὶν ἤ = πρίν. – 2. πόρον οὐδένα τούτου ἀνευρεῖν, οἵ (= οἵτινες) (keinen Weg =) keine Antwort auf die Frage finden, wer. – ἐπιτεχνᾶσθαι sich eines Mittels bedienen. – νεογνός (poet.) = νεόγονος. – ὁ ἐπιτυχών der erste beste. – Ordne: διδοῖ ποιμένι ἐς τὰ ποίμνια (die Herde) τρέφειν τροφήν (in Pflege geben). – ἀντίον αὐτῶν in ihrer Gegenwart. – στέγη Hütte. – ἐπ' ἑωυτῶν für sich allein. – τὴν ὥρην (adverb. Akk.) zu bestimmter Zeit. – ἐπαγινέειν zuführen; ergänze dazu: ποιμένα. – τἆλλα διαπρήσσεσθαι seinen übrigen Beschäftigungen nachgehen. – 3. ἀπαλλάττεσθαι τῶν ἀσήμων κνυζημάτων das unverständliche Lallen aufgeben. – φωνὴν ῥηγνύναι ein Wort hervorbringen. – διέτης χρόνος zwei Jahre. – προσπίπτοντα entgegenstürzend. – τὸ βεκός (phrygisches Wort =) das Brot (ὁ ἄρτος). Die Kinder ahmten das Meckern der Ziegen nach. – 4. πολλόν oft wiederholt. – 5. συγχωρεῖν nachgeben, eingestehen. – πρήγματι σταθμεῖσθαι aus einer Sache schließen. – Ἕλληνες λέγουσι ἄλλα τε μάταια (= „sinnloses Zeug"). Unter Ἕλληνες sind andere griech. Autoren zu verstehen, die über Ägypten geschrieben haben. Ebenso abfällig äußert sich Hekataios über Schriftsteller dieser Art: „οἱ Ἑλλήνων λόγοι πολλοί τε καὶ γελοῖοι, ὡς ἐμοὶ φαίνονται." – Verbinde: οὕτω ἐποιήσατο τὴν τῶν παιδίων δίαιταν er ließ die Kinder so leben (wohnen). – **3.** ἐς λόγους ἐλθεῖν τινι in Unterredung kommen mit jdm. – Ἥφαιστος ist interpretatio Graeca des ägypt. Gottes Ptah, des Weltschöpfers und Gottes der Künstler und Handwerker, dessen Hauptheiligtum in Memphis lag. – Θῆβαι in Oberägypten am rechten Nilufer, dort heute Karnak und Luxor. – Ἡλίου πόλις: nordöstl. von Kairo, mit berühmtem Sonnentempel des Re. – λόγιος gelehrt.

Die von Hdt. als „sinnlos" bezeichnete Nachricht, Psammetich habe den Frauen, die die Kinder aufziehen sollten, vorher die Zunge ausschneiden lassen, ist eine andere Version dieser Geschichte. In einer alten Chronik wird von einem ähnlichen Versuch des Kaisers Friedrich II. berichtet. Er ließ Kinder in strengster Abgeschlossenheit von Ammen aufziehen und verbot ihnen, mit den Kindern zu sprechen, um so zu erfahren, welche Sprache sie von sich aus sprechen würden. Die Kinder, so heißt es, seien aus Mangel an Liebe und Freundlichkeit gestorben.

3. Ägypten, ein Geschenk des Nils

4. 2. Zu Μῖνα vgl. Verz. d. Eigenn. – πρῶτον ἄνθρωπον: vor Min haben nach ägypt. Vorstellung Götter das Land beherrscht. – 3. ὁ Θηβαϊκὸς νομός: Äg. war in Gaue (νομοί) eingeteilt; jeder wurde nach seiner Hauptstadt benannt. – τὸ ἕλος der

Sumpf. – αὐτῆς gen. part. zu οὐδέν. – ὑπερέχειν hervorragen. – ἔνερθε c. gen. unterhalb. – **5.** Der Relativsatz ἐς τὴν Ἐ. ναυτίλλονται schränkt das Beziehungswort Αἴγυπτος ein: „Der Teil von Ä., den die Gr. zu Schiff besuchen" (d. h. das Nildelta). Zu δῶρον τοῦ ποταμοῦ vgl. Textb. S. 7. – γῆ ἐπίκτητος: Land, das durch Anschwemmung des Nil gewonnen ist, Schwemmland. – ἐκεῖνοι: nämlich die ägypt. Priester. – ἔστι δ' ἕτερον τοιόνδε gehört zu τῆς πέρι, an das es frei angeschlossen ist; genauer müßte es heißen: λεκτέον ἐστὶ ἕτερον τοιόνδε. – 2. κατείς = καθείς. – ἡ καταπειρητηρίη das Senkblei, Lot. – ὁ πηλός der Schlamm. – ἡ ὀργυιά die Klafter (= 1,776 m). – ἐπὶ τοσοῦτο soweit, bis dahin. – πρόχυσις (χέω) Anschwemmung. – **10.** κατά περ (= καθ' ἅ περ =) wie. – ὑπὲρ Μέμφιν über Memphis (nach Süden) hinaus. – τὸ μεταξὺ τῶν ὀρέων das Gebiet zwischen den ... Bergen. – ὥσπερ τά τε περὶ Ἴλιον usw.: über diese kleinasiatischen Flußtäler sagt Strabon (p. 691): τὴν ἐπιφορουμένην τοῖς πεδίοις χοῦν[1] αὔξειν[2] αὐτά, μᾶλλον δὲ γεννᾶν[3] ἐκ τῶν ὀρῶν καταφερομένην, ὅση[4] εὔγεως καὶ μαλακή. καταφέρειν[5] δὲ τοὺς ποταμούς, ὥστε τούτων[6] ὡς ἂν γεννήματα ὑπάρχειν τὰ πεδία. καὶ εὖ λέγεσθαι, ὅτι τούτων ἐστὶ τὰ πεδία. τοῦτο δὲ ταὐτόν ἐστι τῷ[7] ὑπὸ τοῦ Ἡροδότου λεχθέντι ἐπὶ τοῦ Νείλου καὶ τῆς ἐπ' αὐτῷ γῆς, ὅτι ἐκείνου δῶρόν ἐστιν. – ὥς γε εἶναι sofern es erlaubt ist. – συμβάλλειν τινί m. etw. vergleichen. – 2. τῶν ... προσχωσάντων (= anschwemmen) ist abh. von οὐδείς; αὐτῶν bleibt unübersetzt. – πλήθεος πέρι bezüglich seiner Größe.

11. ἔστι τῆς Ἀραβίης χώρης κόλπος: gemeint ist der „Golf von Suez". – πρόσω τινός entfernt von. – ἐσέχων ἔκ τινος von

---

1 ἡ χοῦς das Schwemmland.
2 αὔξειν = αὐξάνειν.
3 μᾶλλον γεννᾶν fruchtbarer sein.
4 Der Relativsatz ist einschränkend: soweit ...
5 Zu καταφέρειν erg. als Objekt: „soviel Schwemmland".
6 τούτων hängt ab von γεννήματα (= die Schöpfungen).
7 ταὐτόν τῷ dasselbe wie das ...

etwas her sich hineinerstrecken. – 2. ἡ ῥηχίη die Flut. – ἡ ἄμπωτις die Ebbe. – ἐκ τῆς βορηίης θαλάσσης: gemeint ist das Mittelmeer. – 3. ἡ νοτίη θάλασσα das südliche Meer. – φέρειν sich erstrecken. – συντετραίνειν τοὺς μυχούς mit den äußersten Zipfeln aneinanderstoßen. – ὀλίγον τι τῆς χώρης παραλλάσσειν eine kurze Strecke Landes voneinander entfernt sein. – 4. μιν ist der Arabische Meerbusen. – ῥέοντος τούτου durch dessen Hineinfließen. – ἐκχωννύναι verschlammen. – κού γε δὴ οὐκ wo denn wohl nicht? – ἐν τῷ προαναισιμωμένῳ χρόνῳ πρότερον ἢ ἐμὲ γενέσθαι (προ-αναισιμοῦν = vorher verwenden) = in der Zeit, die vorher verflossen ist, ehe ich geboren bin. – ποταμὸς ἐργατικός ein stark strömender Fluß. – **12.** τὰ περὶ Αἴγυπτον absolut vorangestellt: was meine Ansicht über Ägypten angeht. – ἰδὼν Αἴγυπτον προκειμένην τῆς ἐχομένης γῆς: sehend, daß Ä. weiter als das angrenzende Land (Libyen) nach Norden hin vorspringt. – κογχύλια Muscheln. Sie sind auch in dem für den Bau der Pyramiden benutzten Sandstein enthalten. – ἅλμη ἐπανθεῖ aus dem Erdboden schlägt Salz aus. – δηλεῖσθαι angreifen, beschädigen. – ψάμμος Sand. – μοῦνον ist mit ὄρος zu verbinden. – 2. πρὸς δέ außerdem. – τῇ χώρῃ hinsichtlich des Erdreichs. – πρόσουρος = πρόσορος angrenzend. – Zu προσεικέλην (ähnlich) erg. ἐοῦσαν. – μελάγγαιος schwarzerdig. – καταρρηγνυμένη rissig. Der Nil nimmt die Gewässer auf, die sich zur Regenzeit, mit feinem, zerriebenem Gesteinsschutt gefüllt, von den Bergen Abessiniens nach Westen ergießen. Die gewaltigen Wassermassen überschwemmen dann die Ufer, der mitgeführte Schlamm schlägt sich zu Boden, und die dadurch entstandene Kruste hat im Laufe der Jahrtausende eine Mächtigkeit von 10 bis 12 Metern angenommen. Nach ihr haben die alten Ägypter ihr Land Kême, d. h. „das schwarze Land", genannt, im Gegensatz zu dem unfruchtbaren „roten Land" der den Strom umsäumenden Wüsten. – ὥστε = ἅτε. – ἡ ἰλύς, ἰλῦος der Schlamm. – 3. ὑπόψαμμος mit Sand untermischt. – ἀργιλώδης tonig.

4. Über die Sitten der Ägypter

35. ἔρχομαι μηκυνέων: vgl. zu ἔρχομαι ἐρέων I 5, 3. – λόγου μέζω (wörtl.?) = unbeschreiblich groß. – πρός im Vergleich zu. – εἰρήσεται ion. Fut. zu εἴρημαι = es soll gesagt sein. – 2. ἅμα entsprechend. – τὰ πολλὰ πάντα fast in allen Dingen. – ἔμπαλιν c. dat. = anders als. – ἐν τοῖσι: kausaler Relativsatz. – καπηλεύειν Handel treiben. – τὴν κρόκην ἄνω ὠθεῖν (beim Weben) den Einschlag aufwärts schlagen. – **36.** τῇ ἄλλῃ anderswo. – ἅμα κήδεϊ bei Trauer. – ξυρεῖν = κείρειν, Perf. κεκάρθαι, scheren. – ἱκνέεταί τί με etwas geht mich an. – ὑπὸ τοὺς θανάτους bei Todesfällen. – τό γένειον das Kinn. – τέως während. – 2. χωρὶς θηρίων getrennt von den Haustieren. – ὦλλοι = οἱ ἄλλοι. – αἱ ὄλυραι der Roggen. – αἱ ζειαί der Spelt. – μετεξέτεροι (ion.) einige andere. – 3. φυρᾶν kneten. – τὸ σταῖς der Teig. – ὁ πηλός der Lehm. – τὰ αἰδοῖα die Geschlechtsteile. – περιτάμνεσθαι (ion.) sich beschneiden lassen. – 4. ὁ κρίκος der Segelring. – ὁ κάλος (= att. καλώς) das Rahentau. – προσδέουσι: nämlich an die Schiffswände. – ψήφοισι λογίζεσθαι mit Rechensteinen rechnen. Die Griechen schrieben zunächst auch von rechts nach links, dann βουστροφηδόν = abwechselnd in beide Richtungen. – ἐπιδέξια rechts, weil sie r. beginnen. – διφάσιος zweifach.

82. ὁ μείς (ion.) = ὁ μήν. – ὅτευ (= οὗτινος) θεῶν ἑκάστη ἡμέρη ἐστίν: jeden Monat, jeden Tag hatte die Astrologie einer Gottheit zugeteilt, die „die Geburtsstunden regierte" und deren Eigenart für das Schicksal des Neugeborenen bestimmend war. – ὁτέοισι = οἷστισι. – ἐγκυρεῖν τινι auf etwas stoßen, ein Schicksal haben. – οἱ ἐν ποιήσι (= ποιήσει) γενόμενοι die sich mit der Dichtkunst beschäftigen. – 2. τέρατα Zeichen von zukünftigen Dingen. – γράφεσθαι τὠποβαῖνον (= τὸ ἀποβαῖνον) aufschreiben, was darauf erfolgt ist.

84. δέδασται von δαίεσθαι aufteilen. – κατεστᾶσι = εἰσίν. – ἡ νηδύς der Leib. – ἀφανέων νούσων innere Krankheiten. Die ägyptischen Ärzte waren berühmt. Die erhaltenen Papyri medizinischen Inhalts lassen auf eine bedeutende medizinische

Wissenschaft schließen. – **99.** ὄψις τε ἐμὴ καὶ γνώμη καὶ ἱστορίη: Hdt. hat sich sein Material beschafft durch Autopsie, eigenes Urteil und Befragung zuverlässiger Gewährsmänner. – Αἰγυπτίους ἔρχομαι λόγους ἐρέων ich will die äg. Geschichte erzählen. – κατὰ = καθ' ἅ wie.

5. Helena in Ägypten

113. ἄνεμοι ἐξῶσται (ἐξ-ωθέω) Winde, die vom rechten Wege abtreiben. – ἐς Ταριχείας (von ταριχεύειν einpökeln): T. hatte seinen Namen von den dortigen Fischkonservenfabriken. – 2. ἡ ἠιών die Küste. – Bei ἐς τὸ ἤν (= ἐάν) beginne einen neuen Satz. – οἰκέτης ὅτευ ὦν ἀνθρώπων der Diener irgendeines Mannes. – ἐπιβάληται στίγματα ἱρά sich das heilige Mal anbringen lassen (d. h. als ἱερόδουλος in den Dienst der Gottheit treten). – 3. ἀπιστέαται = ἀφίστανται. – ἔχοντα: intransitiv. – πάντα λόγον alles. – τὸν τοῦ στόματος (Flußmündung) τούτου φύλακον (= φύλακα). – Θῶνις heißt bei Homer (Od. δ 228) Θῶν; dieser ist selbst König. – **114.** 2. ἀσινής unangetastet. – 3. ἀπάγειν herführen. – τί κοτε καί was denn wohl. – **115.** κατίσχειν τι sich einer Sache bemächtigen. – μετὰ δέ (adv.) darauf. – πρὸς δέ (adv.) dazu, außerdem. – 2. τὸ γένος κατέλεξε zählte seine Ahnen auf. – 3. πλανᾶσθαι abirren (von der Wahrheit), Ausflüchte machen. – οἱ γενόμενοι ἱκέται seine ehemaligen Diener. – 4. ἐκφαίνειν (einem etwas) rückhaltlos erklären. – περὶ πολλοῦ ἡγεῖσθαι sich etwas zur Gewissenspflicht machen. – ἀπολαμφθέντες = att. ἀποληφθέντες. – ὃς ἐργάσαο: kausaler Relativsatz. – παρὰ τὴν γυναῖκα ἦλθες du hast dich ... vergangen. – μάλα wiederum. – ἀναπτεροῦν jdm. viel vorgaukeln. – 5. κεραΐζειν plündern, zerstören. – 6. τριῶν ἡμερῶν binnen drei Tagen. – ἐς ὅ bis. – μετορμίζεσθαι = μεθορμίζεσθαι fahren. – ἅτε (= ὡς) πολεμίους περιέψεσθαι (pass.) als Feinde behandelt werden.

116. ταύτην ἄπιξιν γενέσθαι verbal: so sei ... gekommen. – ὁμοίως τῷ ἑτέρῳ so gut wie die andere. – εὐπρεπὴς ἦν ἐς τὴν ἐποποιίην sie paßte in seine Dichtung. – μετῆκε er verwendete nicht. – δηλώσας zu erkennen gebend. – 2. δῆλον δέ nimmt δηλώσας wieder auf. – κατά περ = καθ' ἅ περ wie. – ἀναποδίζειν ἑαυτόν das früher Gesagte widerrufen. – ἐποίησε (ποιητής!) πλάνην er hat die Irrfahrt erzählt. – τῇ ἄλλῃ anderswohin. – πλαζόμενος auf seiner Irrfahrt. – 3. ἐν Διομήδεος ἀριστείῃ (Heldentum, Aristie): die zitierten Verse stehen Il. ζ 289ff. Alexandrinische Grammatiker haben später, als sie die gesamte Ilias in 24 Bücher einteilten, nur dem 5. Buche diese Überschrift gegeben. – ἔσαν οἱ = ἦσαν αὐτῇ sc. Hekabe. – ἐπιπλώς: das Ionische bildet von πλώω (= att. πλέω) einen Aor. ἔπλων, Part. πλώς. – 6. ὁμουρεῖν τινι grenzen an. – **117.** δηλοῖ intrans. = es wird klar, es zeigt sich. – τὰ Κύπρια ἔπη: ein unter Homers Namen gehendes Epos, in dem die der Ilias vorausgehenden Ereignisse geschildert waren. Die Worte εὐαεῖ (günstig) τε πνεύματι ... καὶ θαλάσσῃ λείῃ (ruhig) scheinen auf einen Vers dieses Epos zurückzugehen, der gelautet haben könnte: εὐαεῖ τ' ἀνέμων πνοιῇ λείῃ τε θαλάσσῃ. – χαιρέτω, χαῖρε ist Abschiedsgruß = „Lebe wohl!“. Am Ende einer Zwischenbemerkung stehend bedeutet es: „Doch genug von“ ...

118. εἰ μάταιον λόγον λέγουσιν οἱ Ἕλληνες, τὰ περὶ Ἴλιον γενέσθαι ⟨λέγουσιν⟩: der Relativsatz ist abhängig von einem zu ergänzenden λέγουσιν: ob die Gr. eine falsche Darstellung von dem geben, was, wie sie sagen, in Ilion geschehen ist. – ἱστορίῃσιν durch Fragen. – 2. ἱδρύεσθαι ein festes Lager (das Schiffslager) aufschlagen. – 3. τοὺς δ' ἐπείτε (= ἐπειδή) ἐσελθεῖν: in der or. obl. bei Hdt. öfter ein a. c. i. im Nebensatze. Der Nebensatz wird im Sinne der ursprünglichen Parataxe noch als Hauptsatz empfunden. – οἱ: nämlich dem Menelaos. – ἀνώμοτι ohne Schwur. – τὰ ἐπικαλεύμενα χρήματα die in Frage stehenden Schätze. – δίκας ὑπέχειν, τῶν (= τούτων, ἅ) Πρωτεὺς ... ἔχει Buße geben für das, was ... – **119.** τὴν ἀληθείην τῶν πρηγμάτων die Wahrheit über die Ereignisse. – ἤντησε = ἔτυχε. – ἀπαθέα κακῶν unverletzt. – 2. ἄπλοιαι Hindernisse der Abfahrt, bes. widrige Winde. – ἐπὶ πολλόν sc. χρόνον. – 3. ἔντομά (sc. σφάγια) σφεα ἐποίησε er machte sie zu Opfertieren = er opferte sie; wie Agamemnon in Aulis, um günstigen Fahrwind zu erlangen, die Iphigeneia hatte opfern wollen. – ἐπάϊστος (= gehört, ruchbar) ἐγένετο (mit Part.) es wurde bekannt, daß er ... – τὸ ἐντεῦθεν (adverb. Akk.) von dort. – ὅκου (= ὅπου) hier = wohin. – ἔχειν m. Inf. wissen. – ἀτρεκέως genau.

120. προστίθεσθαι sich anschließen. – ἐπιλεγόμενος erwägend. – εἰ ἦν Ἑλένη: Impf. im Irrealis der Vergangenheit! – 2. φρενοβλαβής unsinnig. – οἱ προσήκοντες αὐτῷ seine Verwandten. – κινδυνεύειν τινί etwas in Gefahr bringen. – 3. ταῦτα ἐγίνωσκον sie wären so gesinnt gewesen. – οὐκ ἔστιν ὅτε οὐ jedesmal, an jedem Kampftage. – εἰ χρή τι τοῖσι ἐποποιοῖσι χρεώμενον λέγειν wenn man auf das Zeugnis der Ependichter hin etwas behaupten darf. – τούτων τοιούτων συμβαινόντων unter solchen Umständen. – 4. οὐ μὲν οὐδέ aber auch nicht. – περιιέναι ἐς übergehen auf. – ἐπ' ἐκείνῳ τὰ πρήγματά ἐστιν jener führt die Regierungsgeschäfte. – παραλάμψεσθαι = att. παραλήψεσθαι. – ἐπιτρέπειν ἀδικέοντι Nachsicht üben gegenüber dem verbrecherischen Bruder. – καὶ ταῦτα und zwar. – τοῦ δαιμονίου παρασκευάζοντος, ὅκως ... ποιήσωσιν weil die Gottheit darauf hinwirkte, daß ... Vgl. Textb. S. 15f. – 5. λέγουσι ist Partizip.

Die Geschichte von „Helena in Ägypten“ ist ein Beispiel rationalistischer Mythendeutung (vgl. Textb. S. 14). Der homerische Meeresgott Proteus wird dabei zum König von Memphis. Von ägyptischen Priestern hat sich Hdt. bestätigen lassen, was er bereits bei Hekataios gelesen hat, daß Homers Darstellung falsch sei und Helena nie die Stadt Troia betreten habe, sondern während des zehnjährigen Kampfes sich in Ägypten aufgehalten haben müsse.

6. Der Meisterdieb

121. *α.* ἐπιτραφέντων der später geborenen, der späteren. – θησαυρίζειν aufbewahren. – οἴκημα Kammer; mit οἰκίη ist der

Königspalast gemeint. – ἔχειν εἴς τι stoßen an etwas; die „Kammer“ war also so angelegt, daß eine ihrer Wände an die Außenmauer des Palastes stieß. – ὁ ἐργαζόμενος = ὁ οἰκοδόμος. – ἐπιβουλεύειν Böses im Schilde führen. – ἐξαιρετός herausnehmbar. – 2. ὁ θησαυρός das Schatzhaus. – τὰ μέτρα: er gab ihnen nicht die Maße des Steines selbst an, sondern verriet ihnen seine L a g e dadurch, daß er z. B. die Entfernung des Steines vom Erdboden genau bezeichnete. – ὁ ταμίας der Schatzmeister, witzig gesagt für: Herr sein über etwas. – 3. οὐκ ἐς μακρήν ohne langen Aufschub, sogleich. – ἔργου ἔχεσθαι sich ans Werk begeben. – *β.* ὡς δὲ τυχεῖν ... a. c. i. im Nebensatz, vgl. II 118, 3. – τὸ ἀγγήιον das Gefäß, der Kasten. – ἔχειν (mit indir. Fragesatz) wissen. – ἐπαιτιᾶται: welcher Modus? – τὸ σήμαντρον das Siegel. – οὐκ ἀνιέναι κεραΐζοντας, ἀνιέναι c. part. = aufhören; κεραΐζειν plündern, stehlen. – ἡ πάγη die Falle. – 2. ἐσδύεσθαι hineinkriechen. – τὸ ἄγγος: der Artikel drückt aus: „*der* Kasten“, den sie dieses Mal leeren wollten. – ἰθέως = εὐθύς. – καταρμόζειν (ion.) = καθαρμόζειν einfügen. – *γ.* ἀσινής unversehrt. – ἀπορεύμενον von ἀπορεῖν u. med. in Verlegenheit sein. – φυλάκους = φύλακας. – κατοικτίζεσθοι wehklagen. – 2. δεινῶς φέρειν sich betrüben um etwas. – μηνύειν (mit a. c. p.) anzeigen, daß.

121. *δ.* χαλεπῶς λαμβάνεσθαι hart anfassen, zusetzen. – ἔπειθε: beachte den Wechsel des Subjekts. – ἐπιτεχνᾶσθαι eine List anwenden. – ποδεῶνες: die „Beinzipfel“ der Tierhäute, aus denen die ἀσκοί (Schläuche) hergestellt waren. Durch diese ließ man den Wein in die ἀσκοί laufen und band sie dann zu. Der Eselsführer zerrte an diesen Zipfeln herum (ἐπισπάσαντα), als wenn er sie zurechtrücken wollte, und zog dabei die Riemen auf, mit denen sie zugebunden waren. – ἀπαμμένους (von ἀφάπτειν) = herabhängend. – 2. συγκομίζειν auffangen. – ἐν κέρδεϊ ποιεῖσθαι sich eine Gelegenheit zunutze machen. – 3. διαλοιδορεῖσθαι τινι jd. heftig beschimpfen. – προσποιεῖσθαι ὀργήν sich zornig stellen. – παραμυθεῖσθαί τινα jmd. zureden, trösten. – προσποιεῖσθαι c. inf. sich stellen, als ob. – πρηΰνεσθαι sich beruhigen. – κατασκευάζειν alles wieder in Ordnung bringen. – 4. λόγους πλέους ἐγγίνεσθαι sich miteinander in ein Gespräch einlassen. – σκώπτειν τινά Spaß treiben m. jdm. – ὥσπερ εἶχον ohne weiteres. – κατακλίνεσθαι sich lagern. – διανοέεσθαι πίνειν nur noch ans Trinken denken. – 5. ἀσπάζεσθαί τινα sich freundlich zu jmd. stellen. – δαψιλής reichlich. – ὑπερμεθύσκεσθαι sich übermäßig betrinken. – 6. ξυρεῖν scheren. – ἐπὶ λύμῃ zum Schimpf; dem Orientalen gilt noch heute der Verlust des Bartes als Schimpf (vgl. 2. Samuelis X 4). – ἡ παρηΐς (poet.) = παρειά die Wange. – ε. δεινὰ ποιέειν vor Wut toben. – 2. κατῖσαι (= καθῖσαι) ἐπ' οἰκήματος in ein Freudenhaus schicken. – προσδέκεσθαι aufnehmen. – αὐτῷ: dat. auctoris. – ἀπιέναι = ἀφιέναι. – 3. πολυτροπίη Verschlagenheit. – 4. πρόσφατος frisch. – τὴν χεῖρα den Arm. – καταμεθύσκειν betrunken machen. – 5. προέμενον (von προίημι) sc. τὴν χεῖρα. – ζ. ἡ πολυφροσύνη die Klugheit. – ἀδείην διδόναι Straflosigkeit zusichern. – μεγάλα ὑποδέκεσθαι große Belohnungen versprechen. – 2. προκεκρίσθαι τινός jdm. (an Schlauheit) überlegen sein.

123. χράσθω mag annehmen. – ἐμοὶ (= ὑπ' ἐμοῦ) ὑπόκειται ich habe den Grundsatz befolgt. – ἀκοῇ dem Gehörten gemäß. Ähnlich sagt Hdt. VII 152, 3: „ἐγὼ δὲ ὀφείλω λέγειν τὰ λεγόμενα, πείθεσθαί γε μὲν οὐ παντάπασι ὀφείλω, καί μοι τοῦτο τὸ ἔπος ἐχέτω (= soll gelten) ἐς πάντα λόγον." Vgl. Textb. S. 13f.

Das Märchen vom Meisterdieb ist anscheinend ägyptischen Ursprungs. Das Motiv hat sich als ein Wandermotiv über die ganze Welt verbreitet. Von Ägypten ist es zu den Griechen gekommen; vgl. Pausanias (IX 37, 5ff.).

Aber auch die Inder, Italiener, selbst sibirische Stämme kennen es, und ein Meisterdieb findet sich auch in der Grimmschen Sammlung deutscher Märchen (Nr. 192).

7. Seelenwanderung

2. καταφθίνοντος = ἀποθνήσκοντος. – αἰεὶ γινόμενον das in diesem Augenblick geboren wird. – περιήλυσις das Herumkom-

men, die Wanderung. – 3. εἰσὶν οἵ = τινές. – οἱ μὲν πρότερον, οἱ δὲ ὕστερον: mit ersteren sind besonders die Orphiker und Pythagoras, mit letzteren Empedokles gemeint. – Daß in Ägypten ein Seelenwanderungsglaube (Metempsychose) bestanden habe, wird bestritten. Die Griechen haben Vorstellungen dieser Art zugleich mit dem Dionysoskult von den Thrakern übernommen.

8. Die Pyramiden der Könige Cheops, Chephren, Mykerinos

124. Wenn Rhampsinit = Ramses III. ist, dann ist Cheops nicht sein Nachfolger; Cheops lebte im 3. Jahrtausend v. Chr. – πᾶσαν εὐνομίην lauter Gesetzlichkeit, gesetzliche Ordnung in hohem Maße. – εὐθενεῖν sich wohl befinden. – ἐλάσαι sc. σφέας. – ἀπέρξαι von ἀπείργειν = fernhalten von etwas. – 2. ἀποδεδέχθαι von ἀποδεικνύναι hier = Anweisung geben. – λιθοτομίαι Steinbrüche; östl. des Nils, heute noch vorhanden. – Durch ἐκ τούτων und πρὸς τοῦτο soll die Weite des Transportes ausgedrückt werden. – διαπεραιοῦν τὸν ποταμόν über den Fluß schaffen. – 3. τὴν τρίμηνον (sc. ὥρην) drei Monate lang. – χρόνος ἐγγίγνεται Zeit liegt dazwischen, vergeht. – τριβομένῳ τῷ λεῷ für das Frondienste leistende Volk. – τῆς ὁδοῦ für den Bau der Straße. – τὴν ἔδειμαν: nämlich ὁδόν. – 4. ὑψηλοτάτη ἑωυτῆς am höchsten im Vergleich mit sich selbst = am allerhöchsten. – ἡ ὀργυιά (plur. ὀργυιαί) die Klafter, der Raum zwischen den beiden ausgestreckten (ὀρέγειν) Armen = 1,776 m. – Zu λίθου δὲ ξεστοῦ (gen. materiae) und ζῴων ἐγγεγλυμμένων (gen. qualitatis) erg. ἐστίν. Mit ζῴων ἐγγεγλυμμένων sind Hieroglyphen gemeint, die in die polierten (ξεστός) Deckplatten gemeißelt (ἐγγλύφειν) waren. – καὶ τῶν verbinde mit οἰκημάτων. – ἐπὶ τοῦ λόφου: die Pyramiden stehen auf dem etwa eine Meile von Memphis entfernten Felsenplateau bei den Dörfern Gizeh und Daschur. – οἰκημάτων: die Pyramide enthält zwei oberirdische Grabkammern, von denen die eine, in der Mitte der

Pyramide liegende den noch erhaltenen Sarkophag des Königs enthält. – θήκας (θήκη) als Grabkammern, ὑπὸ γῆν unter der Erde hin, unterirdisch. Außer den beiden oberirdischen hat man noch eine unterirdische, in den Felsen gehauene Grabkammer gefunden. – ἐν νήσῳ: die Nachricht, Cheops habe einen gemauerten Graben (διῶρυξ) unter der Erde vom Nil her um die unterirdische Grabkammer geleitet, so daß das Grab wie eine Insel umströmt wurde, entstammt der Sage. Denn da diese Grabkammer noch 11 m über dem Wasserspiegel des Nils liegt, war eine solche Anlage technisch unmöglich. – 5. μέτωπον: Seite der quadratischen Grundfläche. – ὀκτὼ πλέθρα = 236,8 m. – Die Hdt. von seinen Gewährsmännern angegebenen Maße stimmen ungefähr. Nach neueren Messungen betrug die ursprüngliche Seitenlänge 230,3 m, die Kantenlänge (Seitenhöhe) 219 m, die Scheitelhöhe 146,6 m. – ἁρμόζειν τὰ μάλιστα aufs genaueste zusammenfügen.

125. ἀναβαθμῶν τρόπον nach Art von Treppenstufen, erklärt das voraufgehende ὧδε. Dieses wird durch τοιαύτην wieder aufgenommen. – μετεξέτεροι manche andere. – κρόσσαι Absätze. – βωμίς Stufe. – 2. μηχανή: eine Hebevorrichtung. – τοὺς ἐπιλοίπους λίθους: mit denen die stufenförmigen Räume von oben nach unten zu so ausgefüllt werden sollten, daß glatte Außenwände entstanden. – ξύλων βραχέων: gen. materiae. – χαμᾶθεν = att. χαμόθεν vom Boden. – 3. ὅκως (beim opt. iterat.) sobald. – ἀνίεναι hinaufgelangen. – 4. εἴτε καί oder es ging auch so vor sich, daß sie ... – εὐβάστακτος leicht zu tragen. – ἐξέλοιεν sc. ἐκ τῆς μηχανῆς. – ἐπ' ἀμφότερα auf beiderlei Weise. – κατά περ = καθ' ἅ περ wie. – 5. ἐκποιεῖν völlig ausmauern. – τὰ ἀνώτατα πρῶτα: hätten sie unten angefangen, so würden sie schon beim zweiten Absatz die Steine, die zu dessen Ausfüllung nötig waren, nicht mehr haben hinaufwinden können. – τὰ ἐχόμενα τούτων das anschließend darunter liegende. – 6. συρμαίη Rettich. – κρόμμυον Zwiebel. – σκόροδον Knoblauch. – ἀναισιμοῦν aufwenden. – ὡς ἐμὲ εὖ μεμνῆσθαι wenn ich mich recht erinnere; vgl. ὡς ἐμοὶ δοκεῖν. – 7. οἰκός = att. εἰκός folgerichtig, wahrscheinlich. – ὁκότε: kausal. – τὰ ἔργα: nämlich die Straße für den Transport der Steine, die Grabkammer und die Pyramide selbst. – χρόνον εἰρημένον: 30 Jahre, s. 124.

127. πεντήκοντα ἔτεα: die Dauer seiner Regierungszeit ist ungewiß. Cheops' Nachfolger war sein Sohn Dedefre; ihm folgte sein Bruder Chephren. Sie gehören der IV. Dynastie an. – τῷ ἑτέρῳ: dat. sociativus, von τῷ αὐτῷ τρόπῳ abhängig. – ἐκείνου statt τῆς ἐκείνου πυραμίδος. – καὶ ἡμεῖς wir selbst. – 2. ὑπὸ γῆν: man hat auch unter dieser Pyramide unterirdische Kammern gefunden. – δι' οἰκοδομημένου αὐλῶνος durch einen künstlichen Kanal. – ἔσω zu περιρρέει. – 3. ὑποδείμας (von ion. ὑποδέμειν einen Unterbau errichten): Übergang in die dir. Rede. – δόμος Schicht. – λίθου Αἰθιοπικοῦ ποικίλου: rotgesprenkelter Granit aus Syene. Nicht der ganze Unterbau ist aus diesem Stein, sondern nur die Verkleidung. – ὑποβὰς τῆς ἑτέρης hinter der andern zurückbleibend. – τὠυτὸ μέγαθος: die Maße sind: 215 m Seitenlänge, 136,4 m Höhe, 203 m Kantenlänge. – πεντήκοντα ἔτεα: Chephren hat wahrscheinlich nur ca. 25 Jahre regiert. – **128.** λογίζονται (berechnen) sc. οἱ Αἰγύπτιοι. – ἐν τοῖσι sc. ἔτεσι.

129. Μυκερῖνος ist wohl ein Enkel des Cheops. Zahl und Reihenfolge der Könige der IV. Dynastie stehen nicht genau fest. – ἁπαδεῖν ion. Aor. von ἀφανδάνειν mißfallen. – τετρυμένον ἐς τὸ ἔσχατον κακοῦ (τρύειν = erschöpfen) bis zum höchsten Grad des Elends erschöpft. – 2. ἐπιμέμφεσθαι ἐκ τῆς δίκης sich wegen des Richterspruchs beschweren. – παρ' ἑαυτοῦ von dem Seinen. – ἄλλα: als Ersatz für das ihm vom Richter aberkannte strittige Gut. – ἀποπιμπλάναι τὸν θυμόν den Unwillen stillen. – 3. Subjekt zu ἄρξαι ist τὴν θυγατέρα ἀποθανοῦσαν (der Tod seiner Tochter). – τῷ περιεπεπτώκεε πρήγματι = ὑπεραλγήσαντα τῷ πρήγματι, ᾧ περιεπεπτώκεε. – περισσότερόν τι τῶν ἄλλων (wörtl.?) = besonders prunkvoll. – Die Kuh war das Symbol der Geburtsgöttin Isis, der neben ihrem Bruder und Gemahl Osiris meistverehrten ägyptischen Gottheit. Auf Denkmälern erscheint die Göttin in jugendlicher Gestalt, die

Hörner der Kuh auf dem Kopf, zwischen den Hörnern die Mondscheibe. – **134.** πυραμίδα: die 3. große Pyramide von Gizeh. – ἀπελίπετο = κατελίπετο. – τοῦ πατρός = τῆς τοῦ πατρός. – εἴκοσι ποδῶν zu καταδέουσα: es fehlten 20 Fuß an drei Plethren; τριῶν πλέθρων gen. compar. (= weniger als). – ἕκαστον κῶλον (Akk. d. Bez.) an jd. Seite; ca. 20 m zuwenig angegeben. Die Maße sind: 105,5 m Seitenlänge, 65,5 m Höhe, 98,4 m Kantenlänge. – ἐς τὸ ἥμισυ: Myk. starb, bevor die Pyramide vollendet war. Cheops, Chephren und Mykerinos sind die Erbauer der drei großen Pyramiden von Gizeh.

Zur Lektüre wird empfohlen aus dem Roman der Archäologie von C. W. Ceram, Götter, Gräber und Gelehrte, „Das Buch der Pyramiden“, S. 87ff.

Buch III

IV. Kambyses — Regierungsbeginn des Dareios

1. Die Versuchung des Psammenit

1. ἐπὶ τοῦτον δή, δή weist zurück auch auf die Ausführungen von II 1, die durch den eingeschobenen ägyptischen Logos unterbrochen worden sind. Der Hinweis auf die ebenfalls schon in II 1 erwähnte erzwungene Heeresfolge der kleinasiatischen Ioner und Dorer soll als Wiederaufnahme des „Leitmotivs" angesehen werden.

14. κατίσας von καθίζειν sich setzen lassen, bringen lassen. – ἐπὶ λύμῃ um jmd. zu beschimpfen. – ψυχή hier: Seelenstärke, Standhaftigkeit. – 2. στείλας, στέλλειν hier = bekleiden. – ἐπ' ὕδωρ nach Wasser, um Wasser zu holen. – ἀπολέξας ἀνδρῶν τῶν πρώτων auswählen aus den Reihen der ... – 3. ἀντικλαίειν auch selbst weinen. – προϊδὼν καὶ μαθών: er hatte sie schon von ferne kommen sehen; μανθάνειν von sinnlicher Wahrnehmung: erkennen. – ἔκυψε „er beugte sich" vor Schmerz und Scham zur Erde. – 4. δεύτερα (adv. Akk. =) hinterher, nach ihnen. – ὁ κάλως das Tau. – δεδεμένους und ἐγκεχαλινωμένους (aufgezäumt) bez. auf τὸν παῖδα μετ' ἄλλων. – 5. ποινὴν τίνειν büßen. Die Ägypter hatten ein mytilenäisches Schiff mit einem persischen Herold, der sie zur Übergabe auffordern sollte, samt der Besatzung vernichtet. – 6. δεινὰ ποιεύντων laut wehklagend. – 7. συνήνεικε ὥστε παριέναι ging zufällig vorüber. – τῶν συμποτέων οἱ ἄνδρα (οἱ als Possessivpron. gebraucht) ein Mann aus seiner Tafelrunde. – ἀπῆλιξ = att. ἀφῆλιξ alt. – ἐκπεπτωκέναι ἐκ τῶν ἐόντων sein Vermögen verloren haben. – προσαιτέειν τὴν στρατιήν beim Heere herumbetteln. – 8. ἐξ ἐκείνου = ὑπ' ἐκείνου. – ἐπ' ἑκάστῃ ἐξόδῳ jedesmal wenn er seinen Aufenthaltsraum verließ. – 9. δεσπότης steht an der Tonstelle des Satzes! – τὴν μὲν θυγατέρα ὁρῶν κεκακωμένην | καὶ τὸν παῖδα ἐπὶ θάνατον στείχοντα | οὔτε ἀνέβωσας | οὔτε ἀπέκλαυσας: beachte die Antithesen! Der zweite Teil ist zugleich ein Parison (d. h., die beiden Satzglieder haben gleiche Silbenzahl), das ein παρόμοιον (Gleichklang) einschließt. – προσήκων τινί m. jdm. verwandt. – 10. μέζω ἢ ὥστε zu groß, als daß ich ... könnte. – πένθος hier = πάθος. – ἐπὶ γήραος οὐδῷ (Schwelle); vgl. Hom. Od. ο 348: πατρός θ', ὃν κατέλειπεν ἰὼν ἐπὶ γήραος οὐδῷ. Vgl. spr. Einl. S. V. – ἀπενειχθέντα von ἀποφέρειν (eine Antwort) zurückbringen. – ὡς ... δοκέειν: auch Nebensätze der indirekten Rede können bei Hdt. im a. c. i. stehen; vgl. II 118, 3. – 11. ἐκ τῶν ἀπολλυμένων, οἱ ἀπολλύμενοι = die zum Tode Verurteilten. – ἀνιστάναι aufstehen lassen, holen.

15. οἱ μετιόντες die Abgesandten. – τοῦ λοιποῦ sc. χρόνου. – ἔχων οὐδὲν βίαιον ohne daß ihm ein Leid widerfuhr. Besiegte königliche Gegner wurden nach persischer Sitte mit Edelmut behandelt. – 2. εἰ ἠπιστήθη μὴ πολυπραγμονέειν wenn er es verstanden hätte, sich ruhig zu verhalten. – ἐπιτροπεύειν = σατραπεύειν. – 4. ἀπιστὰς (= ἀφιστὰς) ἥλω (= ἑάλω) er wurde dabei ertappt, daß er ... – ἐπάϊστος (= gehört, ruchbar) ἐγένετο ὑπό τινος mit: jdm. zu Ohren kommen. – αἷμα ταύρων: das Trinken von „Stierblut" habe, so meinten die Alten, eine tödliche Wirkung. – Die Novelle von der Versuchung des Psammenit behandelt das auch sonst in der antiken Literatur auftretende Motiv, daß allzu großer Schmerz stumm macht. – Die Empörung und die Bestrafung des Psammenit mit dem Tode sind historisch.

2. Religionsfrevel und Wahnsinn des Kambyses

27. Ἆπις: der heilige Stier der Ägypter, der als die sich beständig wiederholende Inkarnation des Ptah, später des

Osiris in Memphis verehrt wurde. Dargestellt wurde er als schwarzer Stier; auf der Stirn trägt er einen dreieckigen, weißen Fleck, auf der Schulter das Bild eines Adlers mit ausgebreiteten Flügeln, zwischen den Hörnern eine Sonnenscheibe mit der Uräusschlange. Starb der Apis, so sank ganz Ägypten in Trauer; die Auffindung des neuen wurde mit lauten Festen gefeiert. – ἡ θαλίη die festliche Stimmung. – 2. πάγχυ καταδόξας in der festen Meinung. – χαρμόσυνα als ein Freudenfest. – ἀπικέσθαι ἐς ὄψιν vor sein Antlitz kommen. – εἴρετο, ὅ τι er fragte, weshalb. – 3. διὰ χρόνου πολλοῦ nach Verlauf einer langen Zeit (d. h. nach dem Tode des vorigen Apis). – ὁρτάζειν = ἑορτάζειν. – ὡς ψευδομένους: vgl. I 138. – **28.** λέγειν κατὰ ταὐτά sich in derselben Weise äußern. – χειροήθης zahm. – τοσαῦτα nur soviel. – ἀπάγειν heranbringen. – 2. ὁ μόσχος Kalb, junger Stier. – ἥτις οὐκέτι (nach der Geburt des Apis) οἵη τε γίνεται: da sie etwas Göttliches geboren hat, d a r f (οἵη τε γίνεται) sie fortan nicht wieder trächtig werden (ἄλλον γόνον ἐς γαστέρα βάλλεσθαι). – σέλας κατίσχει ein Strahl fährt hernieder. – 3. αἰετὸν εἰκασμένον (εἰκάζειν ähnlich machen, malen =) das Bild eines Adlers. – τὰς τρίχας διπλάς zweierlei Haare. – ὁ κάνθαρος der Käfer, Bild eines Käfers.

29. ὑπομαργότερος schon ungefähr von Sinnen. – 2. ὦ κακαὶ κεφαλαί ihr Toren. – ἔναιμοί τε καὶ σαρκώδεες aus Blut und Fleisch bestehen. – ἐπαΐειν σιδηρίων das Eisen fühlen. – ἀτάρ aber. – γέλωτα τίθεσθαί τινα jmd. zum besten haben. – τοῖσι ταῦτα πρήσσουσι den dazu Bestellten. – 3. τελευτήσαντα ἐκ τοῦ τρώματος an der Verwundung eingegangen. – **30.** φρενήρης des Verstandes mächtig. – πρῶτα τῶν κακῶν ἐξεργάσατο = κακῶς ἐποίησέ τινα. – 3. ἀπέκτεινε ... ἐξαγαγόντα ... προαγαγόντα: ein Anakoluth, dadurch hervorgerufen, daß die zweite Satzhälfte von λέγουσιν abhängig gemacht ist. – **31.** ἄρξαι τοῦτο: vgl. zu I 2. – δεύτερα sc. κακά. – ἀπ' ἀμφοτέρων sc. γονέων. – 6. ἔσχε nahm zur Frau. – **32.** διξός ion. = δισσός doppelt. – ὁ σκύμνος, ὁ σκύλαξ beide: das Junge eines Tieres. – συμβαλεῖν aufeinander loslassen. – παραγενέσθαι zu Hilfe kommen. – 2. μαθοῦσα mit „bedenken". – ἐκείνῳ: nämlich dem Kambyses, wenn er einmal in Bedrängnis geraten sollte. – 3. ὡς ... περιτῖλαι, ὡς leitet nach einem Verbum des Sagens den Wortlaut ein; dieser wird hier nach φασίν im a. c. i. gegeben, das ὡς jedoch beibehalten. – Zu τραπέζῃ παρακατημένων erg. Καμβύσεω καὶ τῶν δαιτυμόνων. – ἡ θρῖδαξ Salat – περιτίλλειν (die Blätter) abstreifen. – δασέα (att. δασύς, δασεῖα) dicht; hier: belaubt. – 4. ... ἐμιμήσαο übers.: du hast es gemacht wie ich mit diesem Salat. – ἐμπηδᾶν τινι jdm. gegen den Bauch treten. – ἔχειν ἐν γαστρί schwanger sein. – ἐκτιτρώσκειν vorzeitig gebären. – **33.** ταῦτα ἐξεμάνη so wütete er. – ἄλλως aus einem anderen Grunde. – ἱερὴ νόσος ist die Epilepsie; sie wurde ἱερός genannt, weil man ihren Ausbruch auf den Zorn seiner Gottheit zurückführte oder weil ihre Erscheinungsformen der Ekstase gleichen. Hippokrates von Kos (5. Jhdt.) gibt in seiner Schrift „Über die heilige Krankheit" eine natürliche Erklärung für ihr Auftreten. – ἀεικές unziemlich, hier: auffallend.

34. ἀγγελίας ἐφόρεε: Pr. hatte das Hofamt des ἐσαγγελεύς, der dem Großkönig die eingehenden Berichte und Gesuche überreichte und die Fremden zur Audienz geleitete. – 2. ἐπαινέαι: wie ist die Form entstanden? – φιλοινίη Trunksucht. – πλεόνως Adv. von πλέων: zu sehr. – προσκεῖσθαι ergeben sein. – 4. οἱ συνέδρων ἐόντων als sie mit ihm in einer Ratsversammlung zusammensaßen. – πρὸς τὸν πατέρα im Vergleich mit seinem Vater. – 5. ἀρεσκόμενος zufrieden. – **35.** λέγειν: die or. obl. wird fortgeführt. – εἴτε oder ob. – 2. βαλὼν τυχεῖν mit dem Pfeil treffen. – λέγοντες οὐδέν = unrecht haben. – φάναι übers. durch den Imperativ. – 3. τὸ βλῆμα der Schuß. – ἀνασχίζειν (ion.) aufschneiden. – 4. τοι = σοι. – ἐπίσκοπος (ein poetisches Wort) das Ziel treffend; ἐπίσκοπα τοξεύειν zielsicher schießen. – τὸν θεόν ist Mithras, der Sonnengott, der wie der griechische Apollon auch als guter Schütze galt. – 5. ἑτέρωθι ein anderes Mal. – ἐπ' αἰτίῃ αἱρεῖν bei einem Vergehen ertappen. – ἐπὶ κεφαλήν mit dem

Kopfe nach unten. – **36.** ἡλικίῃ ἐπιτρέπειν sich seinem jugendlichen Ungestüm überlassen. – πάντα in allen Dingen. – 2. πολλά (zu ἐνετέλλετο) dringend. – 3. χρηστῶς ἐπετρόπευσας (ἐπιτροπεύειν regieren): ironisch gesagt. – ἀπὸ μὲν ὤλεσας: Tmesis, wie bei Homer. – Zu οὔτι χαίρων erg. τολμᾷς συμβουλεύειν. – ἐδεόμην hier mit „wünschen". – προφάσιός τευ ἐπιλαβέσθαι einen Vorwand erhalten. – 4. Was fällt bei λαβόντας auf? – 5. ἐπὶ τῷδε τῷ λόγῳ in der Berechnung, in der Absicht. – ἐκφαίνειν τινά jmd. wieder zum Vorschein kommen lassen. – ζωάγρια δῶρα Geschenke für die Lebensrettung. – λάμψονται = λήψονται. – καταχρᾶσθαι töten. – 6. Κροίσῳ συνήδεσθαι περιεόντι er freue sich mit Kr. darüber, daß er lebe. – περιποιεῖν machen, daß einer übrig ist, jmd. retten. – καταπροΐξεσθαι ein einzelnes Fut. (προῖκα umsonst): etwas ungestraft getan haben. – ἀποκτενέειν: Subjektswechsel.

In einer Reihe aufeinanderfolgender Novellen erzählt Hdt., wie Kambyses den Apis, seinen Bruder Smerdis, die Schwester, den Sohn des Prexaspes und beinahe auch den Kroisos tötet. In Kambyses zeichnet er einen orientalischen Despoten, der, seinen Herrscherlaunen nachgebend, über Leben und Eigentum der Menschen willkürlich und brutal entscheiden darf. „θυμωθῆναι" ist der typische Ausdruck für jenes zu rascher Affekthandlung führende Zornigwerden (vgl. III 32, 34; VII 11, 210) des Herrschers. Die Untertänigkeit andererseits, die der Gegenspieler – in III 35 Prexaspes, in I 119 Harpagos – zur Schau trägt, entspricht der Sklavenmoral eines geknechteten Untertanen. Hier scheidet sich die östliche und die griechische Welt. Auch der Grieche hat im eigenen Lande τύραννοι kennengelernt (vgl. Textb. S. 3); aber sobald er unter ihrem Regiment sich nicht mehr als „ἐλεύθερος" empfinden konnte, beseitigte er sie; „nimmt doch Zeus die Hälfte des Wertes dem Menschen, wenn ihn der Tag der Knechtschaft ereilt" (Hom. Od. ϱ 322).

Die Prexaspes-Novelle und die Harpagos-Novelle (I 117 bis 119) weisen mancherlei gemeinsame Züge auf. Welche?

3. Der Ring des Polykrates

39. ἔσχε Σάμον ἐπαναστάς: Polykrates, Abkömmling einer vornehmen, reichen Familie, stürzte 533/2 v. Chr. auf Samos das bisherige Regiment der Oligarchen und machte sich zum „τύραννος“ der Insel (vgl. Textb. S. 3). – 2. δατεῖσθαι teilen. – μετὰ δέ (adv.) danach. – ἔχων sc. αὐτήν. – ξεινίην συνεθήκατο (= συνέθετο) er schloß Freundschaft. – 3. βεβωμένα (βοᾶν rufen) bekannt. – ἰθύειν begehren. – χωρεῖν von der Stelle, vonstatten gehen. – 4. φέρειν καὶ ἄγειν plündern und rauben. – διακρίνων οὐδένα = ὁμοίως. – ἔφη er pflegte zu sagen. – χαρίζεσθαι μᾶλλον einen größeren Gefallen erweisen; davon abh.: τῷ φίλῳ. – ἀρχὴν μηδέ überhaupt nicht. Das Diktum soll den Humor des P. beleuchten. – ἀραιρήκει: ion. Ppf. zu αἱρεῖν. – ἐν δέ (adv.) darunter. – δεδεμένοι (von?) während ihrer Gefangenschaft. – **40.** κως soll die Aussage als persönliche Vermutung erscheinen lassen; deutsch: „wohl“. – πλεῦνος = πλέονος – βιβλίον Büchlein; hier: Brief. – 2. Zu ἡδύ erg. ἐστίν. – τὸ θεῖον ... φθονερόν: vgl. zu I 32. – καὶ τῶν = καὶ τούτους, ὧν. – προσπταίειν anstoßen, keinen Erfolg haben. – καὶ οὕτω διαφέρεν αἰῶνα: ebenfalls abh. von βούλομαι = ich sehe es lieber. – ἐναλλὰξ πρήσσων (ἐναλλάξ = abwechselnd) = τότε μὲν εὖ, τότε δὲ κακῶς πρήσσων. – 3. λόγῳ ἀκούσας vom Hörensagen. – ἐς τέλος zuletzt, schließlich. – πρόρριζος mit der Wurzel, ganz und gar. – 4. τὠπὸ τούτου hinfort. – τῇσι πάθῃσι abh. von ἐναλλάξ: die Glücksfälle in Abwechslung mit Unglücksfällen. – ὑποκειμένῳ zu ὑποτίθεσθαι = raten, vorschlagen. – ἀκέο von ἀκεῖσθαι heilen = sich selber helfen.

41. ἐπιλέγεσθαι lesen. – δίζημαι ich suche, untersuche, frage mich. – ἀσηθείη von ἀσάεσθαι, pass., einem ion. und poet. Wort, sich betrüben. – κειμήλιον Kleinod. – σφρηγίς χρυσόδετος goldgefaßter Siegelring. Wie Spätere berichten, war in dem Smaragd (oder Beryll) eine „λύρα μουσική“ eingeschnitten. Der Ring wird ein Familienerbstück und darum dem Polykrates besonders teuer gewesen sein; vielleicht ursprünglich ein

Zauberring, den Hdt. rationalisierend nur als sehr kostbar schildert. – 2. περιαιρεῖσθαι abstreifen. – συμφορῇ ἐχρᾶτο grämte sich. – **42.** ἁλιεύς Fischer. – ἠξίου δῶρον δοθῆναι: welches Gefühl hegt er also gegenüber dem „Tyrannen"? – ἐπὶ τὰς θύρας: vgl. die „Hohe Pforte". – χωρεῖ τί μοι es geht mir etwas vonstatten, ich erreiche etwas. – 2. ἀποχειροβίοτος von seiner Hände Arbeit lebend. – κάρτα sehr. – 3. μέγα ποιεύμενος ταῦτα hierüber hochbeglückt. – νηδύς Bauch. – 4. ἐσέρχεταί με es kommt mir der Gedanke. – πάντα, τὰ ποιήσαντά μιν οἷα καταλελάβηκε: zu πάντα gehören zwei Relativsätze: 1. τὰ ποιήσαντα, aufzulösen in τὰ ἐποίησε, 2. οἷά μιν καταλελάβηκε (ion. für κατείληφεν), was er alles getan und was für Folgen ihn betroffen hätten. – ἐς Αἴγυπτον ἐπέθηκε: gekürzter Ausdruck für: ἐπέθηκε (= παρέδωκε) τὸ βιβλίον ἀγγέλῳ ἐς Αἴγυπτον φέρειν. – **43.** ἐκκομίσαι = σῶσαι. – ἐκ τοῦ μέλλοντος γίνεσθαι πρήγματος das drohende Schicksal. Zum Gedanken vgl. I 91 und Textb. S. 15f.

Der Aufbau der Erzählung ist übersichtlich: der glückhafte Aufstieg des Polykrates, die Warnung des Amasis vor dem Neid der Götter und seine Mahnung an Polykrates, sich vom wertvollsten Besitz zu trennen (ἐμοὶ αἱ σαὶ μεγάλαι εὐτυχίαι οὐκ ἀρέσκουσι; ἐπισταμένῳ τὸ θεῖον ὡς ἔστι φθονερόν und ὅτι οὐκ εὖ τελευτήσειν μέλλοι Πολυκράτης εὐτυχέων τὰ πάντα), die Ringerzählung und die Aufkündigung der Freundschaft durch Amasis. Die Ringerzählung macht die Ahnung zur Gewißheit, daß niemand seinem Schicksal entrinnen kann. Das Ende des Polykrates erzählt Hdt. III 120ff. (Textb. S. 95ff.).

4. Die Machtergreifung der Magier und der Tod des Kambyses — Der falsche Smerdis

61. χρονίζειν verweilen. – μάγοι: Priester und Weise der Perser, die auch Mantik, Astrologie und andere geheime Künste betrieben. Sie genossen hohes Ansehen, umgaben den König und hatten starken Einfluß auf dessen Entschließungen. –

ὁ μελεδωνός der Aufseher. – κρύπτοιτο γενόμενος (nämlich ὁ Σμέρδιος θάνατος) ist konstruiert wie ἔλαθε γενόμενος. III 30 berichtet Hdt., warum und wie Kambyses seinen Bruder Smerdis durch Prexaspes in Susa hatte töten lassen. – ἐπιστάμενοι αὐτόν: nämlich τὸν θάνατον. – εἰδείησαν mit: glauben. – 2. τοῖσι βασιληίοισι (Nom.?) Königtum. – οἰκώς = ἐοικώς ähnlich. – Σμέρδιν: zum Namen siehe S. 57. – 3. ἀναγιγνώσκειν überreden. – εἷσε ἄγων ἐς τὸν θρόνον er setzte ihn auf den Thron; vgl. Hom. Od. α 130: αὐτὴν δ' ἐς θρόνον εἷσεν ἄγων. – προερέοντα sc. κήρυκα. – ἀκουστέα εἴη: Plur. statt ἀκουστέον. – τοῦ λοιποῦ sc. χρόνου. – **62.** 2. ἐλπίσας glaubend. – Beachte die Alliteration in: Πρήξασπες, οὕτω μοι διέπρηξας, τό τοι προσέθηκα πρῆγμα. – 3. ὅκως = ὅτι. – νεῖκος (poet.) Streit. – ἢ μέγα ἢ σμικρόν: homerisch (vgl. Od. κ 93) = irgendwelcher Art. – 4. οὐ μὴ ἀναβλάστῃ (= erwächst) aus οὐ φόβος ἐστίν, μὴ ... = bestimmt nicht. – νεώτερον: euphemistisch für κακόν. – εἰ δ' ἔστι ὥσπερ πρὸ τοῦ nämlich: daß die Toten nicht auferstehen. – μεταδιώκειν verfolgen, nachsetzen. – **63.** μεταδίωκτος γενόμενος eingeholt. – ἄπιθι χαίρων du kannst unangetastet wieder fortgehen. – 2. ἐξ ὅτευ seitdem. – ἐπιτίθεσθαι auftragen. – 3. οἷα = ἅτε beim kausalen Partizip. – ἐπιβατεύων τοῦ οὐνόματος sich den Namen beilegend.

64. ἔτυψε ihn durchfuhr, ihm wurde plötzlich klar. – ὃς ἐδόκεε denn er; nämlich Kambyses. – 2. περιημεκτήσας sich sehr betrübend. – 3. ὁ μύκης, -ητος der Deckel am Ende der Degenscheide (τὸ κολεόν), das Ortband. – παίειν treffen, verwunden. – κατὰ τοῦτο an der Stelle. – καιρίῃ (sc. πληγῇ) tödlich. – 4. ἐκέχρηστο, χράω = ich erteile einen Orakelspruch, verkünde. – τὰ πάντα πράγματα der Mittelpunkt seiner Macht, seine Residenz. – ἄρα offensichtlich, wie sich zeigte. – 5. ἐσωφρόνησε er ging in sich. – συλλαμβάνειν begreifen. – πέπρωται es ist vom Schicksal bestimmt. – **65.** τοσαῦτα nur soviel. – καταλελάβηκε (= κατείληφε) sc. ἀναγκαίη. – 2. μηδαμά = μήποτε. – 3. ἐγὼ δὲ ὁ μάταιος ich Tor. – ἐπιλέγεσθαι hier = fürchten, daher μή. – ὑπαραιρημένου von ὑφαιρεῖν aus dem Wege räumen. – 4. παντὸς δὲ τοῦ μέλλοντος ἔσεσθαι ἁμαρτῶν in allem, was die Zukunft anging, irrte ich mich. – οὐδὲν δέον absolutes Partizip: ohne Not. – ἐν τῇ ὄψι im Traum. Daß die Gottheit (ὁ δαίμων) durch Träume auf zukünftige Geschehnisse hinweist, ist Herodots Überzeugung. – 5. ὑμῖν = Pron. poss. zu τῶν βασιληίων. – ἐμεῦ πεπονθότος: gen. abs. trotz ἐμοί. – ὁ μόρος der (gewaltsame) Tod. – ὑπὸ τῶν ἑωυτοῦ οἰκηιοτάτων von seinen engsten Verwandten. – 6. μηκέτι: im Kausalsatz erwartet man eigentlich οὐκέτι. – τῶν λοιπῶν abh. von ἀναγκαιότατον: das Dringlichste unter dem übrigen (was er noch zu sagen hätte). – κατεργασάμενοι = κτησάμενοι. – σθένεϊ κατὰ τὸ καρτερὸν ἀνασώζεσθαι sich mit Gewalt unter Aufbietung aller Kräfte wiederaneignen. – 7. ἀρᾶσθαι beten, wenn man Gutes erfleht, fluchen, verwünschen, wenn um Schlechtes bittet. Segen und Fluch bezogen sich vornehmlich auf Familie, Herde und Acker. – **66.** τὰ ἐσθῆτος ἐχόμενα: die Umschreibung drückt aus, daß der Begriff ἐσθῆτος in vollem Umfang gemeint ist; übers.: alle ihre Kleider. – κατερείκεσθαι (poet.) sich die Kleider zerreißen. – 2. ἐσφακέλισε, σφακελίζειν = den kalten Brand bekommen. – ἐσάπη von σήπεσθαι = faulen. – ἀπήνεικε von ἀποφέρειν (dahinraffen); Subjekt dazu ist ein zu ergänzendes τοῦτο, das den Inhalt des Vorhergehenden zusammenfaßt. – ἄπαιδα γόνου: vgl. zu I 109, 3. – θῆλυς weiblich. – 3. ἀπιστίη ὑπεκέχυτο es hatte sich Mißtrauen ausgebreitet. – ἠπιστέατο sie glaubten. – ἐπὶ διαβολῇ um sie zu täuschen. – **67.** μή wird nach dem negativen Ausdruck ἔξαρνος ἦν (= er leugnete) nicht übersetzt. – 2. ἐπιβατεύειν τοῦ ὁμωνύμου Σμέρδιος sich auf den gleichen Namen Smerdis stützen. – Verb. τοὺς ἐπιλοίπους Καμβύσῃ τῆς πληρώσιος (Summe) ἐς τὰ ὀκτὼ ἔτεα die dem K. noch an vollen acht Jahren fehlten. – 3. ἀπεδέξατο von ἀποδείκνυσθαι. – ἀτελείη Abgabenfreiheit. – **68.** 2. ὅς περ ἦν wer er in Wirklichkeit war. – τῇδε συμβάλλεσθαι es daraus schließen. – ἡ ἀκρόπολις die Königsburg (in Susa). – **70.** ἐπιτηδεοτάτους ἐς πίστιν (wörtl. besonders geeignet für Vertrauen =) treu ergeben. – 2. προσεταιρίζεσθαι sich zum Gefährten nehmen. – Nach der Inschrift von Behistun gab Dareios den Anstoß zum Sturz der Magier. Die Inschrift nennt bis auf einen dieselben Namen. – **71.** ἐδίδοσαν σφίσι πίστις καὶ λόγους sie schwuren einander Treue. – ἀπίκετο ἐς es kam an jmd.; jmd. kam an die Reihe. – 2. αὐτὸς μοῦνος ganz allein. – εἴη, τετελεύτηκε: warum verschiedene Modi? – ὡς συστήσων ἐπὶ τῷ μάγῳ θάνατον Anstalten treffen zur Beseitigung des M. – συνήνεικε (= συνήνεγκε) ὥστε es traf sich, daß. – ὑπερβάλλεσθαι aufschieben. – οὐ γὰρ ἄμεινον: vgl. Hom. Il. A 216: ὥς γὰρ ἄμεινον; der Abmahnung dienende, gebräuchliche Wendung. – **77.** οἷόν τι . . . ἔφερε was D. erwartet hatte. – θείῃ πομπῇ χρεωμένους (wörtl.?) = durch göttliche Fügung. – 2. ἐνέκυρσαν von ἐγκύρειν (ἐγκυρεῖν) = ἐντυγχάνειν. – οἱ πυλουροί Torwächter. – 3. διακελεύεσθαι sich gegenseitig ermuntern. – συγκεντεῖν niederstechen. – αὐτοῦ ταύτῃ auf der Stelle.

78. Nachdem Prexaspes verkündet hatte, er habe auf Befehl des Kambyses den Kyrossohn Smerdis getötet und der falsche Smerdis habe den Thron inne, hatte er sich das Leben genommen. – ἀνά τε ἔδραμον πάλιν sie sprangen auf; Tmesis wie in der epischen Sprache. – τὸ ποιεύμενον was vor sich ging. – πρὸς ἄλκην ἐτράποντο sie setzten sich zur Wehr. – 2. τὰ τόξα das Schießzeug (Bogen und Köcher). – προσκειμένων: sie waren einander so nahe auf den Leib gerückt, daß der M. den Bogen nicht verwenden konnte. – ἦν χρηστὰ οὐδέν es war zu nichts nütze. – 3. ἐσέχων ἔς τι daneben liegend. – προσθεῖναι τὰς θύρας die Tür zuschließen. – 4. συνεσπίπτειν mit eindringen. – συμπλακέντος von συμπλέκεσθαι sich im Ringkampf umschlingen. – οἷα (kausal) ἐν σκότεϊ: das Schlafzimmer erhielt nur durch die Tür Licht. – 5. ἀργός untätig. – καὶ δι' ἀμφοτέρων auch durch uns beide hindurch. – κως in glücklichem Zufall. – **79.** ὁ τρωματίης der Verwundete. – ἡ ἀδυνασίη die Erschöpfung. – βοῇ τε καὶ πατάγῳ χρεώμενοι mit viel Lärm und Geschrei. – ἐν ποσὶ γίγνεσθαι jdm. in den Weg kommen. – 2. ἐδικαίευν (= ἐδικαίουν) sie hielten es für angebracht. – ἔσχε (gehindert hätte) sc. αὐτούς. – 3. θεραπεύειν festlich begehen, feiern.

Bei Behistun an der Straße von Egbatana (Hamadan) nach Babylon befindet sich an einer steilen Felswand ein gewaltiges Relief mit einer Inschrift, das Dareios dort anbringen ließ.

Es zeigt den Großkönig als Sieger über Gaumata, der sich Bardija (griech. Smerdis), Sohn des Kuru (= Kyros), nannte. Auf seinen Bogen gestützt, setzt Dareios den rechten Fuß auf den überwundenen Gegner. Über der Szene schwebt Ahuramazda; er streckt Dareios den Ring, das Symbol der Herrschergewalt, entgegen. Herodots Darstellung stimmt im wesentlichen mit dem Bericht überein, den Dareios selbst in der dreisprachigen Inschrift (in Altpersisch, Elamisch, Akkadisch) gegeben hat. Gute Tradition liegt also der Erzählung Herodots zugrunde. Freilich sind auch in diesen Logos voller Spannung volkstümliche Motive eingedrungen: der doppeldeutige Traum und das vergebliche Anderswollen des Menschen gegenüber der göttlichen Fügung (III 64); die tödliche Wunde, die sich Kambyses selber beibringt, befindet sich an derselben Stelle des Körpers, an der er den Apis getroffen hat (III 64), eine neue Bestätigung des Vergeltungsgedankens, der das ganze Werk durchzieht (vgl. Textb. S. 16).

5. Eine Diskussion über Staatsverfassungen

80. ὁ θόρυβος καθίσταται die Aufregung legt sich. – ἐκτὸς πέντε ἡμερέων: nach persischem Gesetz durfte ein neuer König erst gewählt werden, wenn fünf Tage seit dem Tode des letzten Königs verflossen waren. – ἄπιστοι: die folgenden Erörterungen über die Demokratie sind im Munde der Perser zumindest ungewöhnlich, daher für die Griechen „unglaubwürdig“. – δ' ὦν aber doch. – 2. ἐς μέσον Πέρσησι καταθεῖναι τὰ πρήγματα die Herrschaft in die Hände, der Gesamtheit der Perser legen. – μετεσχήκατε τῆς ὕβριος ihr habt unter dem Übermut zu leiden gehabt. – 3. κατηρτημένον (von καταρτᾶν) wohlgeordnet. – ἀνεύθυνος ohne Verantwortung. – στήσειε: Subj. ist μουναρχίη. – 4. κεκορημένος von κορεννύναι sättigen. Weil er „übersättigt“ ist, verfällt er der ὕβρις. – ἄφθονος neidlos. – πέφυκε: Subj. ist ὁ μούναρχος. – ἄριστος versteht besonders gut. – 5. ἀναρμοστότατον ganz unberechenbar. – ὁ θώψ der Schmeichler. – νόμαια (Herkommen) κινέει = λύει. – ἀκρίτους (ohne Richterspruch), sc. ἀνθρώπους. – 6. πλῆθος ἄρχον wenn das Volk herrscht (Demokratie!). – ἰσονομίη Gleichheit vor dem Gesetz. – Verb. οὐδὲν ποιέει τούτων, τῶν (= ὧν), τῶν Kasusangleichung. – ὁ πάλος das Los. – ὑπεύθυνος: s. o. ἀνεύθυνος. – ἀέξειν an die Macht bringen. – ἔνι = ἔνεστι beruht. – Welche Vorzüge hat nach dem Urteil des Otanes die Demokratie? – **81.** ἐπιτρέπειν sc. τὴν ἀρχήν. – κἀμοί: dat. auct. – ὁμίλου (= πλήθους) ἀχρηίου (= ἀχρείου unnütz, blind): gen. comparat. – ἀσύνετος unverständig. – 2. οἰκήιον (οἰκεῖος eigen) von sich aus. – ἐμπεσών hereinbrechend (wie ein angeschwollener Strom). – ἴκελος = εἴκελος ähnlich. – 3. ὁμιλίη Gemeinschaft. – περιτιθέναι verleihen, ein bildlicher Ausdruck. Die Abzeichen der königlichen Macht (κράτος), die verliehen wurden, waren die Tiara und ein purpurnes Obergewand. – οἰκός (= εἰκός sc. ἐστι) wahrscheinlich.

82. τῷ λόγῳ nach der Behauptung, wie angenommen. – τοῦτο: näml. die Monarchie. – 2. τοιαύτῃ = ἀρίστῃ. – ἀμωμήτως ohne Tadel. – 3. ἀρετὴν ἐπασκεῖν (= üben); ἀρετή ist die persönliche und im öffentlichen Leben für die Gesellschaft (ἐς τὸ κοινόν) gezeigte Tüchtigkeit. – αὐτὸς ἕκαστος (jeder selbst) Subj. zu ἀπικνέονται. – ἀπέβη (es führt zu) und διέδεξε (es ist offenbar): unpers. gnom. Aor. – 4. ἐς τὰ κοινά verb. m. ἐγγινομένης. – συγκύπτειν unter einer Decke stecken. – ἐκ δὲ αὐτῶν deshalb. – Verb. ἀν' mit ἐφάνη (= gnom. Aor.): Tmesis. – 5. διὰ ἕνα ἄνδρα: durch Kyros. – περιστέλλειν verteidigen. – χωρὶς τούτου abgesehen davon. – **83.** προεκέατο = προέκειντο lagen vor. – προσέθεντο (stimmten zu) ταύτῃ: näml. der des Dareios. – ἑσσώθη von ἑσσόομαι = ἡττάομαι. – 2. ὁ στασιώτης der Verschworene. – ἤτοι - ἤ - ἤ entweder - oder - oder. – ἐπιτρεψάντων sc. ἡμέων. – ἐναγωνιεῦμαι von ἐναγωνίζεσθαί τινι m. jdm. streiten. – ὑπεξίστασθαί τινος auf etw. verzichten. – ἄρξομαι: Passiv. – 3. ἐκ τοῦ μέσου κατῆστο er blieb im Hintergrund. – In Athen wurden zur Zeit Herodots häufig Fragen über die beste Verfassung erörtert. Es ist deshalb denkbar, daß Hdt. den drei Rednern seine eigenen Gedanken und Urteile, die ihm wichtig und der Situation angemessen erschienen, in den Mund gelegt hat. Möglicherweise zeigten sich nach Kambyses' Tod auch Bestrebungen, das Reich zu dezentralisieren und die Macht des Königs zugunsten des Adels einzuengen. Hdt. hat wohl in seiner Quelle Hinweise auf die Erörterung der demokratischen, der oligarchischen und der monarchischen Verfassung vorgefunden. Daß Otanes die Einführung der Demokratie in Persien empfohlen habe, betont er noch einmal ausdrücklich in VI 43.

6. Thronbesteigung des Dareios

85. ὁ ἱπποκόμος der Stallmeister. – ἐπείτε διελύθησαν als sie sich getrennt hatten, sc. die sieben pers. Würdenträger. – κατὰ τάδε = ὧδε. – ἐπαναβαίνειν aufsitzen. – σοφίην hier: listiger Gedanke, ähnlich σόφισμα. – ἡμεῖς: Dareios und sein Geschlecht. – 2. ἐν τούτῳ ἐστίν es hängt hiervon ab. – τούτου εἵνεκεν soweit es hierauf ankommt. – τοιαῦτα ἔχω φάρμακα dafür kenne ich Mittel. – ἀμείβεται Οἰβάρης, λέγει Δαρεῖος: vgl. zu I 40. – ὥρη erg. ἐστίν. – 3. τῶν θηλέων (weiblich) ἵππων μίαν eine der Stuten. – τὰ πολλά mehrmals. – ἀγχοῦ (adv.) nahe. – ἐγχρίμπτειν τινί herandrängen an etwas. – ἐπῆκε ὀχεῦσαι er ließ bespringen sc. die Stute. – **86.** διαφώσκειν ion. = διαφαύσκειν aufleuchten. – κατὰ τὰ συνεθήκαντο = κατὰ ταῦτα, τὰ συνεθήκαντο (was sie vereinbart hatten). – ἵνα wo. – ἐχρεμέτισε wieherte. – 2. ἅμα ... ποιήσαντι zur gleichen Zeit, da der Hengst ... – ἐξ αἰθρίης: „aus heiterm Himmel" gab Ahuramazda durch Blitz und Donner (βροντή) sein Einverständnis. – ἐτελέωσέ μιν: diese (Götterzeichen) bestätigten ihn (in seiner Königswürde). – ἐκ συνθέτου τευ nach einem Übereinkommen, (wie wenn die Götter übereingekommen wären, daß die Königswürde auf Dareios übergehen solle). – καταθορόντες von καταθρῴσκειν herabspringen. –

88. 3. δυνάμιός τε πάντα οἱ ἐπιμπλέατο alles war von seiner Macht erfüllt. – τύπος: ein Reliefbild; orientalisch, im Gegensatz zur griech. Rundplastik. – ζῷον δέ οἱ ἐνῆν eine Figur darauf stellte dar. – τὸ οὔνομα λέγων: Parenthese Herodots, der den in der Inschrift genannten Namen des Hengstes vergessen hat. Reliefdarstellungen dieser Art haben sich in Persepolis gefunden.

Rechtmäßiger Thronerbe war Hystaspes, ein Vetter des Kyros und Haupt der jüngeren Linie der Achaimeniden, Statthalter von Persis. Er trat aber wohl seine Rechte an seinen Sohn Dareios ab. Dieser war somit legitimer Thronfolger. Auch von Kyros erzählte man, er sei mit Hilfe eines Pferdeknechts zur Herrschaft gelangt.

Die Vorstellung von der Heiligkeit des Pferdes ist gemeinindogermanisch. Tacitus (Germ. 10) berichtet von den Germanen: „hinnitus ac fremitus observant nec ulli auspicio maior fides." Das Wiehern des Pferdes (III 85) wurde als ein Zeichen des Sonnengottes Mithras angesehen.

7. Das Ende des Polykrates

120. κατὰ δέ κου μάλιστα τὴν Καμβύσεω νοῦσον etwa zur Zeit, da K. krank war. – μάταιον ἔπος ein leichtfertiges Wort. – **122.** 3. κατὰ τὰ φρονήματα entsprechend deinen Plänen, um deine Pläne zu verwirklichen. – ὀρθώσεις σεωυτόν du wirst dich selbst aufrichten, zu Macht gelangen. – σαφηνέως = σαφῶς. – 4. εἵνεκεν χρημάτων soweit es auf Geld ankommt. – ἀποδέξω von ἀποδεικνύναι zeigen, nachweisen. – **123.** ἐβούλετο hier: Lust bekommen. – κως (zum Ausdruck der persönlichen Meinung, Vermutung =) wohl. – ἱμείρεσθαί τινος (ion.) nach etwas verlangen. – γραμματιστής hier: Staatsschreiber, Sekretär. – ὁ ἀνδρεών (ion.) der Männersaal. – ἀξιοθέητος (ion.) sehenswert. – Ἡραιον: Heratempel auf Samos. – 2. ἡ λάρναξ, -ακος die Kiste. – πλὴν κάρτα βραχέος τοῦ περὶ αὐτὰ τὰ χείλεα (τὸ χεῖλος Lippe, Rand) bis nahe an den Rand. – ἡ ἐπιπολή die Oberfläche; ἐπιπολῆς (adv.) c. gen. = oberhalb. – **124.** πολλά vielfach, dringend. – στέλλεσθαι sich anschicken. – πρὸς δέ außerdem. – μετέωρον εἶναι ἐν τῷ ἠέρι in der Luft hängen. – λοῦσθαι = λούεσθαι. – 2. παντοίη ἐγίνετο, μή ... (wörtl.?) = sie suchte auf alle mögliche Weise zu verhindern, daß ... – ἐπιφημίζεσθαι von drohendem Unheil reden. – παρθενεύσεσθαι sie solle unverheiratet bleiben. – ἠρήσατο von ἀρᾶσθαι wünschen. – Zu βούλεσθαι erg. μᾶλλον. – **125.** ἀλογεῖν (poet.) c. gen. in den Wind schlagen. – Κροτωνιήτης aus Kroton (in Unteritalien). – 2. ὅτι μή außer. – Συρ. τύραννοι Gelon und Hieron (5. Jh.). – συμβάλλειν vergleichen. – μεγαλοπρεπείην (Akk. der Bez.): an Prachtliebe. – 3. οὐκ ἀξίως ἀπηγήσιος unbeschreiblich grausam. – ἀνασταυροῦν kreuzigen. – 4. ἀνιείς ausdünstend. Die Sommerhitze trieb die Feuchtigkeit (ἡ ἰκμάς) aus seinem Leibe.

Daß Oroites, der ehrgeizige Satrap von Sardeis, Polykrates (um 522 v. Chr.) hinrichten ließ, weil dieser seinen politischen Plänen im Wege stand, ist historisch. Der Logos von Polykrates, wohl als Einheit von Hdt. konzipiert, steht nicht für sich. Das sprichwörtliche Glück und der rasche Aufstieg des Tyrannen erinnern an den glücklichen Regierungsbeginn des Kroisos (I 26–28). Die Furcht vor dem φθόνος θεῶν und der Glaube, daß kein Mensch seinem Schicksal entrinnen kann, sind oft wiederholte Gedanken Herodots.

Die Gier nach Macht und Geld, die in seiner μεγαλοπρεπείη ihre Wurzeln haben, läßt Polykrates trotz aller Warnungen in sein Verderben rennen. Sein tragisches Geschick ist mit dem Kampf um Samos, das schließlich von Dareios erobert wurde, eng verknüpft.

Vgl. Schillers Ballade „Der Ring des Polykrates" mit Herodots Darstellung!

8. Der Arzt Demokedes

129. συνήνεικε es ereignete sich. – ἐν ἄγρῃ: die „Jagd" war eine Lieblingsbeschäftigung der pers. Adligen. – στραφῆναι τὸν πόδα (was für ein Akk.?) sich den Fuß verrenken. – 2. ἰσχυροτέρως ziemlich stark. – ὁ ἀστράγαλος der Knöchel. – ἐκ τῶν ἄρθρων aus dem Gelenk. – νομίζειν hier: pflegen. – στρεβλοῦν einrenken. – βιώμενοι mit Gewalt. – 3. ἀγρυπνίη Schlaflosigkeit. – ἔχειν φλαύρως sich schlecht fühlen. – τὴν τέχνην Geschicklichkeit, abh. von παρακούσας. – Δημοκήδεος: vgl. Verz. d. Eigennamen. – ἐν τοῖσι Ὀροίτεω ἀνδραπόδοισι: als Polykrates zu Oroites reiste, befand sich Demokedes in seinem Gefolge. Nach der Hinrichtung des Polykrates nahm Oroites den berühmten Arzt als Leibeigenen in seine Dienste. Als Dareios zur Regierung gelangt war, ließ er den aufrührerischen Statthalter umbringen und sein ganzes Hab und Gut nach Susa schaffen. So war Demokedes in die Residenz des Perserkönigs gekommen. – ὅκου δή irgendwo. – ἀπημελημένον in verwahrlostem Zustande. – παρῆγον ἐς μέσον brachten zum Vorschein. – πέδη Fessel. – τὸ ῥάκος Lumpen. – ἐσθημένος (ion.) bekleidet. – **130.** τὴν τέχνην sc. ἰητρικήν, Prolepsis. – οὐκ ὑποδέκεσθαι nicht zugeben, in Abrede stellen. – ἑωυτὸν ἐκφαίνειν sich zu erkennen geben. – 2. τεχνάζειν Ausflüchte machen. – Zu ἐπιστάμενος erg.: τὴν τέχνην (ἰητρικήν). – κέντρον Stachel, Folter. – φλαύρως ἔχειν: vgl. 129, 3; φλ. ἔ. τὴν τέχνην (wörtl.?) = ein klein wenig von der Heilkunde verstehen. – 3. ἐπέτρεψε hier: die Behandlung anvertrauen. – προσάγων (ἰήματα Heilmittel) anwendend. – ἀπέδεξε, ἀποδεικνύναι (mit doppeltem Akk.) als etwas vorzeigen, wozu machen. – ἀρτίπους gut zu Fuß. – 4. ἐπίτηδες absichtlich. – τὴν ψυχὴν ἀπέδωκε gab das Leben wieder. – βασιλέϊ gehört zu ἀπέδωκε. – 5. ὑποτύπτειν hinunterstoßen; ὑποτύπτειν φιάλῃ ἐς τοῦ χρυσοῦ τὴν θήκην mit einer Schale tief in die Goldkiste hinunterstoßen. – δαψιλὴς δωρεή (ion.) reichliche Gabe. – στατήρ sc. Δαρεικός, Stater, pers. Goldmünze, 8,41 g. – ἀνελέγετο auflesen. – χρῆμα πολλόν τι χρυσοῦ eine beträchtliche Summe G.

132. Als ὁμοτράπεζος (Tischgenosse) gehörte er zu den Vertrauten des Königs. – **133.** ἐπὶ τοῦ μαστοῦ an der Brust. – τὸ φῦμα Gewächs, Geschwür. – μετὰ δὲ (adv.) ἐκραγέν v. ἐκρήγνυσθαι aufbrechen. – ἐνέμετο πρόσω es fraß weiter um sich. – 2. ἐξορκοῖ von ἐξορκοῦν schwören lassen. – ἦ μέν (beteuernd) gewiß und wahrhaftig. – ἀντυπουργέειν einen Gegendienst erweisen. – **134.** κάτησαι v. att. καθῆσθαι untätig dasitzen. – 2. οἰκός (= εἰκός) ἐστιν es ziemt sich. – φαίνεσθαί τι ἀποδεικνύμενον durch eine große Tat Bewunderung erregen. – ἐπ' ἀμφότερα φέρει es bringt zweifachen Gewinn ein. – σφέων mit προεστεῶτα zu verbinden. – 3. εἷς = εἶ. – ἀπαμβλύνεσθαι stumpf werden. – 4. ἐκ διδαχῆς, vgl. 134, 1: διδαχθεῖσα ὑπὸ τοῦ Δημοκήδεος. – 5. ἔασον (von ἐᾶν) laß ab davon! – τὴν πρώτην zuerst. – ἔσονταί τοι (= σοι) sie werden in deiner Gewalt sein. – στρατεύεσθαι imperativischer Infinitiv. – λόγῳ πυνθανομένη erg. περὶ αὐτέων: da ich von ihnen habe erzählen hören. – δέξαι = δεῖξαι. – κατηγήσασθαι = καθηγεμόνα (Führer) εἶναι. – Vor τοῦτον erg. nämlich. – 6. τούτῳ, τῷ σὺ λέγεις = τούτῳ, ὃν σὺ λέγεις. – Περσέων, erg. τινάς: einige Perser. – ἐποίεε (Zeugma) übersetze mit „folgen lassen".

135. Von ἐνετέλλετό σφι ist abh.: 1. ἑπομένους (Akk. trotz σφι) διεξελθεῖν, 2. ὅκως τε ... – διεξελθεῖν τὰ παραθαλάσσια an den Küsten entlangfahren. – 2. πᾶσαν: zur Hervorhebung von dem zugehörigen Ἑλλάδα getrennt. – **136.** καὶ Φοινίκης und zwar in Ph. – ὁ γαῦλος (semitisches Wort) das Lastschiff. – προσίσχειν (sc. τὴν ναῦν) entlangsegeln. – ἀπεγράφοντο machten sich Aufzeichnungen. – 2. ἐκ ῥηστώνης τοῦ Δ. aus Gefälligkeit gegen D. – τὰ πηδάλια παρέλυσε er ließ die Steuerruder wegnehmen. – δῆθεν: wie er vorgab (was sie auch waren). – τὰ παρέλαβε was er an sich genommen hatte. – **137.** ἀγοράζοντα auf dem Markte einkaufend. – ἅπτοντο αὐτοῦ sie legten Hand an ihn. – 2. προιέναι preisgeben, ausliefern. – ἀντάπτεσθαι von der anderen Seite festhalten. – τὸ σκύταλον der Stock. – προίσχεσθαι vorbringen. – δρηπέτης (διδράσκω) entlaufen. – 3. κῶς ταῦτα Δαρείῳ ἐκχρήσει περιυβρίσθαι; (ἐκχράω = genügen, behagen) wie wird es D. genügen, diese Beleidigung (ohne sich zu rächen) erlitten zu haben, wie kann sich D. diese Beleidigung gefallen lassen? – ἀπέλησθε (von ἀφαιρεῖσθαί τινά τι jdm. etw. wegnehmen) sc. αὐτόν. – τῇσδε = ᾗ ἐπὶ τῇνδε. – 4. οὐκ ὦν dennoch nicht. – ἐξαιρεθέντες τὸν Δημοκήδεα des D. beraubt, ohne D. – 5. ἅρμοσται γυναῖκα, ἁρμόζεσθαι = sich anfügen, heiraten. – πολλὸν ἦν er galt viel. – κατὰ τοῦτο aus diesem Grunde. – παλαιστής Ringkämpfer. – τελεῖν χρήματα μεγάλα viel Geld aufwenden; ein Überbleibsel des alten Brautkaufs. – πρὸς Δαρείου in den Augen des Dareios.

Das Bild, das Hdt. in dieser Novelle von Demokedes entwirft, trägt die Züge des unsteten, gewandten Ioners (vgl. Textb. S. 2). Von Land zu Land verschlägt ihn die Ungunst des Schicksals; aber List und Verschlagenheit helfen ihm aus jeder Klemme wieder glücklich heraus.

Der Stil der ionischen Volkserzählung tritt überall deutlich zutage. Hier nur ein Beispiel: Im Harem des Sultans erhält Demokedes einen Haufen Goldstücke als Lohn für die Heilung des Herrschers. Nicht die Summe wird genannt; das wäre zu prosaisch. Jede der Frauen fährt mit ihrer Trinkschale tief in die Truhe, die ihren goldenen Reichtum birgt. Und so hoch sind die Goldstücke aufgehäuft, daß manche zur Erde rollen, als man die Schalen behutsam hinausträgt. Der Diener, der sie vom Boden aufhebt, sammelt aus ihnen noch eine ansehnliche Summe Goldes. So meidet der Logos alles Abstrakte und strebt nach höchster Anschaulichkeit, „indem er das Hören zum Sehen macht".

Die Erzählung fügt sich gut in den Gesamtplan des Werkes ein. Hdt. berichtet über die Absicht des Großkönigs, Griechenland zu unterwerfen, und über die Aussendung von Spionen, die zuvor alles Wünschenswerte über Griechenland erkunden sollen.

Buch IV

V. Skythien

1. Die skythische Ursprungssage

1. ἐπὶ Σκύθας gegen die Skythen, im Steppengebiet zwischen Aralsee und Kaspischem Meer. – αὐτοῦ Δαρείου unter der persönlichen Leitung des D. – ἡ ἔλασις der Feldzug (wohl von 513 bis 512 v. Chr.). – ἀνθεύσης ἀνδράσι (ein schönes Bild): Asien blühte von Männern. Asien wird hier wohl auch deshalb erwähnt, um den Gegensatz Asien–Europa in Erinnerung zu rufen. – τείσασθαι Σκύθας die Sk. bestrafen; sie bedrohten durch Einfälle die NO-Flanke des Perserreichs. – **5.** νεώτατον: das ist in Hinsicht auf II 2 hervorgehoben, wo die Ägypter als das älteste Volk bezeichnet werden. – ἄνδρα: vgl. die germanische Ursprungssage (Tac. Germ. 2): dort heißt der erste Mensch Mannus (= Mann). Dieser hat drei Söhne. Ebenso hat Targitaos drei Söhne, Lipo x a ï s, Arpo x a ï s, Kola x a ï s. – ξαϊς = avestisch xšaya = Herr. – δ' ὦν gleichwohl. – 3. ποιήματα Geräte. – φερόμενα πεσεῖν, φερόμενος zu anderen Verben der Bewegung gesetzt, drückt die Schnelligkeit der Bewegung aus. – ἡ σάγαρις die Streitaxt. – φιάλη Schale. Die vier goldenen Geräte, von den Skythenstämmen verehrt, bildeten den geweihten Kronschatz. – ἆσσον c. gen. näher. – Zu ἐπιόντος erg. αὐτοῦ. – καίεσθαι zu brennen anfangen, in Glut geraten. – 4. ἀπαλλαχθέντος τούτου, ἀπαλλάττεσθαι hier: sich fortmachen. – καὶ τόν sc. χρυσόν. – τοὺς μέν: Objekt zu ἀπώσασθαι (v. ἀπωθεῖσθαι von sich abwehren, zurückweisen). – μιν ist Obj. – τὴν βασιληίην πᾶσαν: vorher hatten sie die Königsherrschaft gemeinsam ausgeübt. – πρὸς ταῦτα συγγνόντας in dieser Sache einig.

7. ἐς τὰ μάλιστα sehr sorgfältig. – μετέρχονται sie suchen auf. Zu vergleichen sind die jährlichen Pilgerzüge der Mohammedaner nach Mekka, um die Kaaba, einen vom Himmel gefallenen(!) Meteorstein, zu besuchen und sich von Schuld zu reinigen. – ἱλάσκεσθαι sich die Götter geneigt zu machen suchen. – 2. ὃς ἂν τὸν χρυσὸν ἔχων κατακοιμηθῇ ἐν τῇ ὁρτῇ (= ἑορτῇ, beim Fest). Wer bei der Bewachung (ἔχων) des Schatzes einschläft, wird das Jahr nicht überleben (διενιαυτίζειν). – δίδοσθαι διὰ τοῦτο: die Wache bei dem goldenen Schatz schein in der skythischen Sage mit irgendwelchen Gefahren verbunden gewesen zu sein, vielleicht in der Weise, daß der Wächter einen Zauber zu brechen hatte; so würde sich die Belohnung erklären. – ὅσα ἵππῳ περιελάσῃ so viel Land, wie er auf einem Pferd umreiten kann; ein verbreitetes Sagenmotiv. Nach der Briloner Volkserzählung jagte Kaiser Karl, der Gegner des Sachsenherzogs Widukind, einmal in den Wäldern des Sauerlandes. Müde und hungrig sah er im Dunkel der Nacht ein Licht durch die Zweige schimmern und ging darauf zu; es kam aus einer einsam liegenden Bauernhütte. Der Bauer nahm den unbekannten Jäger gastlich auf, setzte ihm einen Napf mit dickem Roggenbrei vor und beherbergte ihn liebevoll. Beim Abschied gab sich der Kaiser zu erkennen und schenkte ihm so viel Land, wie er an einem Tage mit seinem Braunen umreiten könne. Der Bauer ritt in weitem Kreise um sein Haus herum, und die Fläche, die nun sein Eigentum geworden war, nannte er „Breilohn“ (volksetymologische Namendeutung).

Dies Motiv geht letzten Endes auf den Glauben an die magische Wirkung des geschlossenen Kreises zurück. Auffällig in der skythischen Sage ist die Belohnung mit Land bei einem nomadisierenden Volke, das allerdings auch Ackerbau trieb. – τοῖσι ἑωυτοῦ seinen Söhnen; wie Targitaos hatte also auch Kolaxaïs drei Söhne. – τριφάσιος (ion.) dreifach. – φυλάσσεσθαι: zum Inf. vgl. II 118, 3. – 3. τὰ κατύπερθε adv. oberhalb, weiter hinauf. – ὑπέροικός τινος über etw. hinaus wohnend. – οἷά τε =

οἷόν τε. – ὑπὸ πτερῶν κεχυμένων infolge ausgeschütteter Federn. – Die Erklärung gibt Hdt. im folg. K. 31.

31. ταύτης τῆς χώρης: das nordöstl. europäische Rußland. – νίφεται (χώρα) (ein Land) wird beschneit, in einem Lande schneit es. – ἐλάσσονι (sc. χιόνι) = in geringerer Menge, weniger. – 2. χιόνα ἁδρήν, ἁδρήν prädikativ: Schnee in Menge. – λέγω hier: ich meine. – οἶκε = ἔοικεν gleicht. – τὰ πρὸς βορέην die nördlichen Teile. – τὰ πτερὰ εἰκάζοντες (vergleichend, ein Bild gebrauchend, verb. mit λέγειν) τοὺς Σκ... λέγειν mit den Federn bezeichnen die Sk..., glaube ich, bildlich den Schnee.

2. Skythische Wahrsager — Blutbrüderschaft

67. μάντιες = att. μάντεις. – ῥάβδοισι ἰτεΐνῃσι, ἡ ῥάβδος = die Rute, ἰτέϊνος aus Weiden (ἡ ἰτέα = die Weide). – ὁ φάκελος das Bündel. – ἐνείκωνται coni. aor. von φέρεσθαι (att.?). – διεξειλίσσειν auseinanderbreiten. – ἐπὶ μίαν ἑκάστην ῥάβδον τιθέντες jede Rute einzeln für sich hinlegen. – θεσπίζειν (ion. poet.) weissagen, Zaubersprüche hersagen. – ταῦτα sc. die Zaubersprüche. – συνειλέουσι ὀπίσω sie wickeln wieder zusammen. – κατὰ μίαν συντιθεῖσι legen einzeln hin. – 2. Ἐνάρεες: ein skythisches Wort, von Hdt. mit ἀνδρόγυνοι (Zwitter) übersetzt, Name für eine Schar von Kriegern, die die Sehergabe besaßen. Zur Zeit Psammetichs hatten skythische Krieger den Tempel der Ἀφροδίτη οὐρανίη in Askalon geplündert und waren dafür mit einer entmannenden Krankheit bestraft worden. Wie sie selbst behaupteten, hatten sie dabei die Sehergabe empfangen. – ἡ φιλύρη die Linde. – ὁ φλοιός die Rinde. – διαπλέκειν durcheinanderflechten, näml. die Streifen. – χρᾷ (ion.) = χρῇ weissagt.

Staborakel waren bei den indogermanischen Völkern üblich. Man warf die Stäbchen durcheinander und deutete aus ihrer zufälligen Lage die Zukunft. Vgl. Tac. Germ. 10 von den Germanen: auspicia sortesque ut qui maxime observant. sortium consuetudo simplex. virgam frugiferae arboris decisam in surculos amputant eosque notis quibusdam discretos super candidam vestem temere ac fortuito spargunt. mox si publice consulitur, sacerdos civitatis, sin privatim, ipse pater familiae precatus deos caelumque suspiciens ter singulos tollit, sublatos secundum impressam ante notam interpretatur.

70. κεράμινος irden. – ὅρκιον τάμνειν einen Vertrag (ein Bündnis) schließen. – τὸ ὕπεας (ὄπεας) die Ahle (mit der man Löcher sticht, τύπτειν). – ἀποβάψαντες, ἀποβάπτειν = eintauchen. – ὁ ἀκινάκης (persisches Wort) kleiner Säbel, Dolch. – σάγαριν: vgl. 5, 3. – Trinken von Menschenblut zur Bekräftigung des gegebenen Wortes ist besonders bei den indogerm. Völkern weit verbreitet. So berichtet Gyraldus von den Iren: „Wenn die Iren Bündnisse schließen, trinkt einer des anderen zu diesem Zweck freiwillig vergossenes Blut." Sallustius (Cat. 22) erzählt: „Fuere, qui dicerent Catilinam oratione habita humani corporis sanguinem vino permixtum in pateris circumtulisse. Cum omnes degustavissent, aperuisse consilium suum; atque eo ita fecisse, quo inter se fidi magis forent." (Gekürzt.)

Buch V

B. Das griechische Mutterland und die Perser

I. Der ionische Aufstand

1. Histiaios und Aristagoras

11. εὐεργεσίης καὶ παραινέσιος: Dareios hatte eine Schiffsbrücke über den Bosporus bauen lassen. Als er diese mit seinem Landheere überquert hatte, gab er den Befehl, sie abzubrechen. Aber Koes, der Führer des milesischen Kontingents, riet dringend davon ab; so unterblieb es. Als der Feldzug gegen die Skythen mißlang, soll der Athener Miltiades, der Sohn des Koloniegründers auf der thrakischen Chersones, die ionischen Wachmannschaften aufgefordert haben, die Brücke zu zerstören. Aber Histiaios, der Tyrann von Milet, verhinderte es. – ἐδίδου αἵρεσιν: er gab ihnen die Erlaubnis, einen Wunsch auszusprechen. – 2. προσχρηΐζειν hinzuwünschen, bei Hdt. öfter c. gen. – Ἠδωνῶν: eine thrakische Völkerschaft. – δημότης ein einfacher Bürger. – οἷά τε ἐών, οἷά τε beim kausalen Partizip = ἅτε. – οὐ ... τε nicht ... sondern. – τελεοῦσθαι gewährt werden; erg. τούτων. – κατά = καθ' ἅ = wie. – ἐτράποντο sie gingen fort. – **23.** τειχέειν (nur bei Hdt.) = τειχίζειν. – ἡ σχεδίη Schiffsbrücke. – Bei τὴν ... αἰτήσας schwebt ἡ Μύρκινος vor. – ἐκ τοῦ Ἱ. = ὑπὸ τοῦ Ἱ. – 2. δούς hier: erlauben. – ἴδη ion. für ὕλη. – ναυπηγήσιμος für den Schiffsbau. – ὁ κωπεύς Ruderholz. – προστάτεω ἐπιλαμβάνεσθαι einen Anführer bekommen. – 3. οἰκηΐῳ πολέμῳ συνέχεσθαι in einen inneren Krieg verwickelt werden. – περιλαμβάνειν fassen. – ποιέειν: imperativischer Inf.

24. 2. πάντως jedenfalls. – ὑπερθέωμαι, ὑπερτίθεσθαι = besprechen. – μέγα ποιεῖσθαι sich eine Ehre daraus machen. – 3. ἐπείτε τάχιστα sobald als. – ἐν βραχέϊ alsbald. – σε ist Obj. und Subj. – συνειδώς aus eigener Erfahrung. – ἔχω μαρτυρέειν ich kann bezeugen; dazu τοι = σοι. – τὰ καὶ ἀμφότερα: beide Eigenschaften, klug (συνετός) und wohlgesinnt (εὔνοος). – 4. προτείνεσθαι vorschlagen. – ἔα (ἐάω) laß fahren, gib auf. – **25.** ὕπαρχον καθιστάναι als Statthalter einsetzen. – ἀποδέξας von ἀποδεικνύναι ernennen. – γίγνεσθαι τῶν δικαστέων zu den Richtern gehören. – ἐπὶ χρήμασι für Geld. – ἡ ἀνθρωπέη (sc. δορά) die (menschliche) Haut. – σπαδίξας, σπαδίζειν = die Haut abziehen. – ἱμάντας ἔταμε ließ Riemen schneiden. – ἐντείνειν bespannen; ebenso 2. ἐντανύειν. – ἐν τῷ = ἐν τίνι. – κατίζων = att. καθίζων. – **26.** διάδοχος τῆς στρατηγίης Nachfolger im Amte des obersten Befehlshabers. – εἷλε - εἷλε - εἷλε: die Anapher unterstreicht die Schnelligkeit der Eroberungen. – **27.** 2. ἡ λιποστρατίη Verweigerung der Heeresfolge. – σίνεσθαι räuberisch überfallen. – ἀποκομίζεσθαι zurückkehren. – **28.** ἄνεσις (Erleichterung) κακῶν ἦν er tat ihnen nichts Böses mehr an. – τοῦτο μέν ... τοῦτο δέ einerseits ... andererseits. – προφέρειν übertreffen. – ἡ Μίλητος αὐτή τε ἑωυτῆς μάλιστα ἀκμάσασα (aufgeblüht) ἦν: mit einem Superlativ (μάλιστα) verbindet sich oft der Genetiv eines Reflexivs, um auszudrücken, daß das Subjekt, mit sich selbst verglichen, die Eigenschaft im höchsten Grade, wie nie zuvor, besitzt. – τὸ πρόσχημα die Zierde. – κατύπερθε τούτων vorher. – νοσήσασα erg. ἦν, dazu στάσι. – καταρτίζειν aussöhnen, davon καταρτιστήρ Schiedsrichter. In Milet empörte sich die alte karische Bevölkerung wegen ihrer Armut und Machtlosigkeit gegen die reichen und mächtigen Griechen.

30. τῶν παχέων im politischen Machtkampf geprägter Ausdruck: „die Feisten", die „Wohlgenährten" für die „Reichen", „Aristokraten". – 2. ὁ ἐπίτροπος der Statthalter. – 3. δύναμίν τινα militärische Hilfe. – πρίν adv. – ἐπιλέγεσθαι erwägen. – δι' αὐτοῦ mit seiner Hilfe. – ἄρξει: die Herrschaft gewinnen. – σκῆψιν ποιεῖσθαι τὴν ξεινίην die Gastfreundschaft zum Vorwande gebrauchen. Er benutzte die Gastfreundschaft mit H. als Vorwand, um Naxos zu unterwerfen. – 4. φερέγγυός εἰμι ich bin in der Lage. – κατάγειν sc. ὑμᾶς. – In ἀσπὶς ὀκτακισχιλίη ist der Singular kollektiv gebraucht = 8000 Schwerbewaffnete. – πλοῖα μακρά Kriegsschiffe. – 5. ὑμῖν: dat. ethicus. – 6. προσέθεσαν c. dat. sie baten. – ὑπίσχεσθαι = ὑπισχνεῖσθαι. – τὴν δαπάνην διαλύειν die Kosten bestreiten. – ὥς δέ ebenso. – ὑπὸ Δαρείῳ dem Dareios untertan. – **31.** ἄλλως δέ im übrigen aber. – ἔνι = ἔνεστι. – 2. πάρεξ c. gen. außer, neben. – τὸ ἀναισίμωμα die Kosten. – Verb. δίκαιά (ἐστιν) ἡμέας τοὺς ἄγοντας (die wir die Urheber sind) ταῦτα μὲν (μέν betont ταῦτα) παρέχειν. – τὰς ἐκ ταύτης ἠρτημένας (ἀρτᾶν ἔκ τινος anknüpfen an etwas =) die von Naxos abhängenden. – 3. ἐνθεῦτεν ὁρμώμενος von dort aufbrechend, diese als Operationsbasis benutzend. – Κύπρου: Zypern war bereits von den Persern unterworfen. – κάρτα εὐπετέϊ αἱρεθῆναι: nur von der SW-Seite war es „sehr leicht zu erobern", die O-Küste ist steil und unzugänglich. – ἀποχρῶσι genügen. – 4. ὁ ἐσηγητής einer, der einführt, anleitet zu etwas; davon abh.: πρηγμάτων ἀγαθῶν; übers.: „Du rätst uns da zu einem Unternehmen, das dem Hause des Großkönigs sehr vorteilhaft ist." – συνέπαινον γίγνεσθαί τινι (wörtl.?) seine Zustimmung zu etwas geben.

32. ὑπερτίθεσθαι mitteilen. – τούτων abh. von ὑστέρῳ. – ἁρμόζεσθαι τὴν θυγατέρα sich mit der Tochter verloben. – εἰ δὴ ἀληθής γέ ἐστι ὁ λόγος: „Pausanias ... brütete über großen Plänen, wie er allen Gegnern zum Trotz die Herrschaft über Hellas sich gewinnen könne ... als er noch Feldherr der Hellenen war, hat er durch vornehme Gefangene, die er dem König zurückgab, Verbindungen mit Persien angeknüpft. Er versprach, ihm Griechenland zu Füßen zu legen, wenn er Unterstützung an Geld und Truppen erhalte; als Vasall des Großkönigs, mit seiner Tochter vermählt, wollte er über Griechenland herrschen." (Ed. Meyer, IV 1, S. 482.) – ἔρωτα σχών (wörtl.?) nach etwas trachten. – **33.** ἔσχε τὰς νέας ging vor Anker. – διαβάλλειν = διαβαίνειν. – 2. οὐ γὰρ ἔδεε Ναξίους ἀπολέσθαι, δεῖ hier von der Schicksalsbestimmung: die N. sollten nicht zugrunde gehen. – συνηνείχθη = συνέβη. – περιέναι τὰς φυλακάς die Wachen inspizieren. – δεινόν τι ποιησάμενος aufgebracht, zornig. – διὰ θαλαμίης: in den Trieren waren drei Reihen Ruderbänke untereinander angebracht. Die darauf sitzenden Ruderer steckten ihre Ruder durch ein Loch in der Schiffswand. Diese Löcher hießen θαλαμίαι. – διελόντας von διαιρεῖν teilen, (etwa bis zur Mitte des Körpers) hindurchziehen. – κατὰ τοῦτο zu ποιεῦντας in der Weise, daß ... – 3. παραιτεῖσθαι jmd. losbitten. – σπέρχεσθαί τινι gegen jmd. sehr aufgebracht sein. – 4. πείθεσθαι hier c. gen. – πολλὰ πρήσσειν viel Aufhebens machen.

34. προσδέκεσθαι annehmen, vermuten. – ἐσηνείκαντο von ἐσφέρεσθαι hineinschaffen. – πολιορκησόμενοι: passiv. Bedeutung. – ἐσάξαντο von σάσσειν ausbessern. – 2. πρὸς πεφραγμένους (φράσσειν umfriedigen, verschanzen =) zur Abwehr bereit. – προσφέρεσθαι angreifen. – 3. Ordne: ὡς δὲ ταῦτα τὰ χρήματα, τὰ ἔχοντες οἱ Πέρσαι ἦλθον, κατεδεδαπάνητό σφι (dat. auctoris). – προσαναισιμοῦν noch dazu verbrauchen. – τοῦ πλεῦνος (= πλέονος) ἐδέετο machte noch größeren Aufwand erforderlich. – **35.** ἀρρώδεε fürchtete, war in Sorge. – διαβεβλημένος verfeindet. – ἐδόκεε (er glaubte) τὴν βασιληΐην τῆς Μιλήτου ἀπαιρεθήσεσθαι, ἀφαιρεῖσθαί τινά τι behält im Passiv den Akk. der Sache. – 2. συνέπιπτε mit a. c. i. sich gleichzeitig ereignen. – τὸν ἐστιγμένον τὴν κεφαλήν (Akk. d. Bez.), στίζειν stechen, mit eingebrannten Zeichen versehen; zu τὸν ἐστιγμένον erg. δοῦλον. – σημαίνειν zu verstehen geben. – 3. ὥστε = ἅτε bei einem kausalen Partizip. – ἀποξυρήσας, ἀποξυρεῖν τινα τὴν κεφαλήν jdm. das Kopfhaar abscheren. – ἀνέμεινε mit a. c. i. er hielt zurück, bis. – ὡς τάχιστα sobald als. – τὰ στίγματα die Zeichen. – 4. συμφορὴν μεγάλην ποιεῖσθαί τι etwas für ein großes Unglück halten, empört sein über etwas. – ἡ κατοχή das Festhalten, erzwungener Aufenthalt. – μετήσεσθαι etwas Zurückgehaltenes loslassen, übersetze passivisch. – νεώτερόν τι ποιεύσης = νεωτερίζειν einen Aufruhr machen. – ἔτι verb. mit οὐδαμά. – **36.** 2. Ἑκαταῖος ὁ λογοποιός: vgl. Textb. S. 7. – πόλεμον ἀναιρέεσθαί τινι gegen jmd. einen Krieg unternehmen.

2. Aristagoras in Sparta

37. ἐκ τοῦ ἐμφανέος (adv.) offen. – 2. μεθιέναι τὴν τυραννίδα die unumschränkte Herrschaft (eines Tyrannen), die Tyrannis aufgeben. – ἰσονομίην ἐποίεε er führte eine demokratische Verfassung ein = politische Freiheit und Gleichheit vor dem Gesetz. – ὡς ἄν c. opt. im Finalsatz ist älterer Sprachgebrauch. – φίλα ποιέεσθαι sich beliebt machen. – ὅθεν εἴη: der Opt. hat distributive Bedeutung. – **38.** 2. κατάπαυσις ἐγίνετο es fand eine Absetzung statt, abgesetzt werden. – στρατηγός hier: der höchste Beamte. – δεύτερα darauf. – ἀπόστολος Abgesandter. – ἔδεε συμμαχίης οἱ ἐξευρεθῆναι: konstruiert nach δεῖ μοί τινος; ἐξευρεθῆναι ist pleonastisch. – **49.** χάλκεον πίνακα eine metallene Tafel. Diese enthielt ein Bild der Erde in Umrissen mit den sie bewohnenden Völkern, also eine Art Landkarte (γῆς περίοδος). Die erste Erdkarte soll der Philosoph Anaximander (610–547) angefertigt haben. – 2. τὰ κατήκοντα = τὰ παρόντα die gegenwärtige Lage. – τῶν λοιπῶν (sc. Ἑλλήνων) gen. part. zu ὑμῖν. – ὅσῳ: einem dazuzudenkenden τοσούτῳ assimiliert, hat die Bedeutung „da". – 3. νῦν ὦν darum. – ῥύεσθαι (poet.) retten. – ὁμαίμων poetisch für συγγενής. – χωρέειν vonstatten gehen. – τὰ ἐς τὸν πόλεμον (acc. Graec.) ἐς τὰ μέγιστα ἀνήκετε ihr seid hinaufgekommen, ihr habt es am weitesten gebracht in der Kriegskunst. – μάχη hier: Kampfesweise. – αἱ ἀναξυρίδες die langen, weiten Beinkleider der Orientalen. – ἡ κυρβασία der Turban. – 4. ἀγαθά Schätze. – νέμεσθαι hier: bewohnen. – 5. ἀλλήλων ἐχόμενοι aneinander grenzend. – Ἰώνων τῶνδε erg. ἐχόμενοι κατοίκηνται. – πολυπρόβατος reich an Herden. – 6. πρόσουρος (att. πρόσορος) angrenzend. – ἐπέτειος jährlich. – 7. δίαιταν ποιέεται residiert. – οἱ θησαυροί die Schatzkammern. – ἐρίζετε ihr könnt streiten. – 8. ὁ οὖρος = att. ὅρος.

– χρέον ἐστί = χρή. – μάχας ἀναβάλλεσθαι Kämpfe auf sich nehmen. – ἰσοπαλής im Kampfe gewachsen. – ἐνάγειν antreiben. – παρέχον acc. abs.: während es möglich ist. – 9. ἀναβάλλεσθαι c. inf. verschieben. – ὑποκρίνεσθαι = ἀποκρίνεσθαι. – Beachte die fast barsche Knappheit in der Antwort des Spartaners gegenüber den wortreichen Ausführungen des Ioners. – Suche die Völker auf der Karte!

50. ἐς τοσοῦτο ἤλασαν sie kamen (in ihren Verhandlungen) so weit. – ἡ κυρίη ἡμέρη der festgesetzte Tag. – τὸ συγκείμενον der verabredete Ort. – εἴρετο = att. ἤρετο. – ὁκόσων ἡμερέων εἴη gen. qual. zu ὁδός: wieviel Tage weit. – 2. εὖ διαβάλλων einer, der sich wohl darauf versteht, jmd. durch Worte zu bestimmen. – σφάλλεσθαι einen Fehler begehen. – χρεόν (sc. ὄν, acc. abs.) obwohl es nötig war. – λέγει δ' ὧν sc. τὸ ἐόν = das Zutreffende. – 3. ὑπαρπάσας von ὑφαρπάζειν (das Wort) abschneiden. – ὥρμητο er hatte sich aufgemacht, er wollte (etwas tun). – εὐεπής vernünftig. – **51.** ἡ ἱκετηρίη der Ölzweig (den der Schutzflehende in die Hand zu nehmen pflegt). – ἐπέχειν an sich halten, zögern. – 2. ἄρχετο ἐκ δέκα ταλάντων ὑπισχνεόμενος er begann bei 10 Talenten in seinem Versprechen, er versprach ihm zuerst 10 Talente. – ἀνανεύειν ablehnen; die griech. Geste dabei ist ein Zurückwerfen des Kopfes. – ὑπερβάλλειν (die Summe) steigern. – ὑπεδέδεκτο von ὑποδέχομαι = zusagen, versprechen. – ηὐδάξατο von αὐδάζομαι = ausrufen. – ἢν μὴ ἀποστὰς ἴῃς wenn du nicht sofort weggehst. – 3. τὸ οἴκημα das Zimmer.

3. Aristagoras in Athen — Labda und ihr Kind

78. ηὔξηντο waren stark geworden. – δηλοῖ es ist klar. – ἡ ἰσογορίη das Recht der Redefreiheit. – εἰ καί wenn anders, da ja. – τὰ πολέμια (Akk. d. Bez.) im Kriege. – κατεχόμενοι beherrscht, als Untertanen. – ἐλευθερωθέντων erg. αὐτῶν. – κατεργάζεσθαι mit Erfolg tätig sein. – **91.** χρησμούς Weissagungen, daß ihnen von Athen Unheil drohe. – νόῳ λαμβάνειν erkennen. – ἰσόρροπος gleichwiegend, gleich an Wert und Stärke. – πειθαρχέεσθαι gehorchen. – **92.** *α.* τοὺς λόγους den Vorschlag (annehmen). – ἦ δή wahrlich. – ἔνερθε unterhalb. – ὁ νομός der Wohnsitz. – ὅτε γε in dem Augenblick, wo. – ἡ ἰσοκρατία die Demokratie. – τοῦ = οὗ πράγματος. – μιαιφόνος blutbefleckt. – 2. δίζησθαι streben nach, suchen. – δεινότατα φυλάσσειν, μή mit größter Sorgfalt darüber wachen, daß nicht. – παραχρῆσθαι fahrlässig handeln. – ἔατε = att. ἦτε. – κατά περ = καθ' ἅ περ wie. – γνώμην συμβάλλεσθαι einen Vorschlag machen.

92. *β.* πόλιος κατάστασις Staatsverfassung. – νέμειν beherrschen. – ἐδίδοσαν: nämlich Töchter zur Verheiratung; entsprechend ἤγοντο sc. γυναῖκας. – ἐξ ἀλλήλων gegenseitig (aus ihren Familien). – ἴσχει: nämlich γυναῖκα. – δήμου ἐὼν ἐκ Πέτρης, δήμου = vom Lande, wo im allgemeinen das niedere Volk lebte, während die δυνατοί in der Stadt wohnten. – τὰ ἀνέκαθεν von den Ahnen her, ursprünglich. – Λαπίθης, Καινείδης: vgl. Verz. d. Eigenn. – 2. οὐδέ für οὔτε ... οὔτε. – ἐστάλη er reiste. – ἰθέως = att. εὐθέως. – πολύτιτος (τίειν = τιμᾶν) hoch zu verehren. – Ἠετίων: der Orakelspruch spielt mit dem in Ἠετίων enthaltenen τίειν. – κύειν schwanger sein. – ὁ ὀλοοίτροχος der Felsblock. – ἐν δὲ πεσεῖται = ἐμπεσεῖται (τινί). – 3. χρησθέντα von χράω ich verkündige. – γενόμενον ἐς Κόρινθον der in Hinblick auf K. ergangene (Orakelspruch). – ἄσημος unverständlich. – φέρειν εἴς τι hinauslaufen auf. – ἐν πέτρῃσι: Anspielung auf Πέτρα. Αἰετός: Anspielung auf Ἠετίων (dorisch: Ἀετίων); τέξει δὲ λέοντα: der Löwe ist Symbol für „König". – ὠμηστής rohes Fleisch fressend, grausam. – ὀφρυόεις (ὀφρύς Augenbraue, Hügel) hochgebaut. – *γ.* ἀτέκμαρτος undeutbar. – συνῳδός übereinstimmend. – ἐν ἡσυχίῃ τι ἔχειν über etwas schweigen. – ὡς τάχιστα sobald. – 2. φιλοφροσύνης τοῦ πατρὸς εἵνεκα aus Freundschaft zum Vater. – κατ' ὁδόν unterwegs. – πρῶτον: praedikativ. – προσουδίσαι auf die Erde werfen. – 3. θείῃ τύχῃ durch göttliche Fügung. – φρασθέντα von φράζομαι = αἰσθάνομαι. – οἶκτός τις ἴσχει Mitleid hält zurück. – διεργάζεσθαι töten. – 4. ἀλλήλων ἅπτεσθαι einander feindlich angreifen, Vorwürfe machen. – ἐς ὅ bis. – χρόνου ἐγγιγνομένου nach einiger Zeit.

92. δ. ἔδει (von der Schicksalsbestimmung =) es sollte. – ἀναβλαστεῖν von ἀναβλαστάνειν hervorsprossen. – μεταδοκεῖ μοι ich ändere meinen Beschluß. – ἐς τό = ἐς τοῦτο, ὅ. – ἄφραστος (poet.) unentdeckbar. – ἡ κυψέλη die Kiste. – ἐπίστασθαι glauben. – 2. οὐκ ἐφαίνετο es wurde nicht gefunden. – ε. ἐπωνυμίην: Akk. der Beziehung. – ζ. διαπλέκειν τὸν βίον das Leben hinbringen. – κατ' ἀρχάς anfangs. – ὡμίλησε er bekam Umgang. – 2. τῶν πρηγμάτων hängt ab von τρόπον, ἀσφαλέστατον ist prädikativ: welche Art von Verfassung als die sicherste. – ἐπιτροπεύειν regieren. – τὸν ἐλθόντα παρὰ τοῦ Περιάνδρου den Gesandten Perianders. – ἐς ἄρουραν ἐσπαρμένην auf ein Getreidefeld. – τὸ λήϊον das Saatfeld. – ἀναποδίζειν noch einmal ausfragen. – κατὰ τὴν ἄπιξιν nach dem Zweck seines Kommens. – κολούειν ausreißen. – ὅκως ἴδοι wenn er sah (opt. iterativus). – ὁ ἀσταχύς die Kornähre. – 3. ὑποτίθεσθαι von sich geben, raten; ἡ ὑποθήκη der Rat. – πρόθυμος hier: gespannt. – αὐτοῦ: über Periandros. – παραπλήξ, -ῆγος wahnsinnig. – σινάμωρος τῶν ἑωυτοῦ zerstörerisch gegen das Seinige. – η. νόῳ σχών begreifend. – ὑπέροχος hervorragend. – ἀπέλιπε übriggelassen hatte. – 4. τοιούτων ἔργων solcher Taten fähig. – 5. θωμάζομεν (ὑμᾶς) ταῦτα λέγοντας, θαυμάζειν mit a. c. p., wir wundern uns, daß ihr solche Reden führt. – οὐκ ὦν also nicht. – ἴστε dann wisset.

Das Bild, das die populäre Tradition in diesem Logos (V 92ε) von Kypselos und (V 92η) von Periandros entwirft, stimmt mit der sonstigen Überlieferung wenig überein. In Wirklichkeit haben die Kypseliden Korinth zur ersten Handelsstadt der griechischen Welt gemacht, den Herrschaftsbereich der Stadt stark erweitert, den Wohlstand der bisher vom Adel ausgesogenen Volksschichten sehr gehoben, Künste und Wissenschaften verständnisvoll gepflegt.

Die Kypselos-Sage geht vielleicht auf ein Weihgeschenk der Kypseliden im Heratempel zu Olympia zurück. Es war ein kunstvoll gearbeiteter, mit goldenen und elfenbeinernen Bildern geschmückter Kasten (κυψέλη) aus Zedernholz. Daß der Stifter den Namen Κύψελος trug, wird der Anlaß zur Entstehung der Sage gewesen sein. Pausanias sah noch im 2. Jh. n. Chr. den „Kasten“ (Paus. 17,5).

93. 2. τέως μέν eine Zeitlang. – φωνὴν ῥηγνύναι das Schweigen brechen. – αἱρέετο τὴν γνώμην pflichtete der Ansicht bei. – ἐπιμαρτυροῦσθαι beschwören. – νεώτερον ποιεῖν περί τινα (zum Nachteil jmds.) Neuerungen anfangen. – **97.** νομίζουσι ταῦτα erg. Ἀθηναίοισι (Dat. der beteiligten Person); die Athener standen auf dem Standpunkt (νομίζειν), es sei besser für sie, erklärte Feinde der Perser zu sein, als den Hippias wieder in seine Rechte einzusetzen. – διαβεβλημένος verfeindet. – δυναστεύειν Macht haben. – ἐπελθεῖν ἐπὶ τὸν δ. vor der Volksversammlung auftreten. – δόρυ νομίζειν eine Lanze im Gebrauch haben, brauchen. – 2. σφέας = Subj., nl. Ἀθηναίους, dazu δυναμένους, und Obj., nl. Μιλησίους. ῥύεσθαι retten. – Zu οὐδέν erg. ἦν. – οἶκε = ἔοικε. – διαβάλλειν täuschen. – τρεῖς μυριάδας ἐποίησε τοῦτο: bei 30 000 Athenern brachte er es fertig; abstimmungsberechtigt waren ca. 10 000 Bürger. – 3. εἶναι nach ἀποδέξαντες (= ἀποδείξαντες) ist ein Pleonasmus. – δόκιμος erprobt, bewährt. – ἀρχὴ κακῶν Anfang des Unheils (das der Krieg über die Menschen bringt); vgl. Textb. S. 16f.

4. Die Eroberung von Sardeis

100. ἐν Κορησῷ τῆς Ἐφεσίης (chorographischer Genetiv =) in K. im Herrschaftsgebiet von Ephesos. – χειρὶ πολλῇ mit großer Macht. – **101.** τὸ μὴ λεηλατῆσαι πόλιν ἔσχε: nach ἔχειν in der Bedeutung „hindern“ tritt zu dem oft mit τό verbundenen Infinitiv die Negation μή; übersetze: an ihrer Absicht, die Stadt zu plündern, hindert sie . . . – πλεῦνες = πλέονες. – καλάμινος aus Rohr, Schilf. – πλίνθινος aus Ziegeln erbaut. – ἡ ὀροφή das Dach. – ἰόν Part. v. ἰέναι: überspringend. – ἐπινέμεσθαι abweiden, verheeren. – **105.** ἡ συλλογή der Bund. – συνυφανθῆναι, συνυφαίνειν = zustande bringen. – οὐδένα λόγον ποιησάμενον Ἰώνων die Ioner mit keinem Worte erwähnend. – καταπροΐξεσθαι (προῖκα = unvergolten) ein einzelnstehendes Fut. = etwas ungestraft getan haben. – ἀπεῖναι von ἀφίημι. – 2. ἐκγίγνεταί μοι es ist mir vergönnt; der Infinitiv hier als Ausdruck des Wunsches. – δεῖπνον πρόκειται das Mahl ist aufgetragen. – ἐς τρίς dreimal. – μέμνεο aus μέμνησο.

V 105 ist ein Meisterstück Herodoteischer Erzählungskunst, voll Zauber und Stimmung.

Buch VI

5. Die Unterwerfung der Ioner

6. προσδόκιμος zu erwarten. – συστραφέντες: aus ihren Standorten herbeibeordert und in Susa „versammelt“. – ἓν ποιεῖν (wörtl.?) = vereinigen. – περὶ ἐλάσσονος ποιησάμενοι sich um etwas weniger kümmernd. – **7.** ἀντίξοος feindlich entgegengesetzt; gegen. – ῥύεσθαι (ion.) schützen. – πληροῦν bemannen. – προναυμαχεῖν Μιλήτου zur Verteidigung Milets eine Seeschlacht liefern. – **18.** ὑπορύσσειν unterminieren. – μηχαναί Belagerungsmaschinen. – κατ᾽ ἄκρης von oben her, völlig. – Der Abfall (ἀπόστασις) war i. J. 499; die Eroberung der Stadt war also i. J. 494. – **20.** Ἐρυθρῇ θαλάσσῃ hier = der Persische Golf. – ἐξιεῖ er schickt (sein Wasser) hinaus; er ergießt sich. – τὰ ὑπεράκρια das Bergland. – **21.** 2. δῆλον ἐποίησαν mit prädikativem Partizip ὑπεραχθεσθέντες: sie zeigten, daß sie überaus traurig waren. – τῇ ἄλλῃ πολλαχῇ in mancher anderen Weise. – Φρυνίχῳ ποιήσαντι δρᾶμα καὶ διδάξαντι, δρᾶμα διδάσκειν ein Theaterstück aufführen; der Dichter gab den Schauspielern Anweisungen und leitete die Aufführung. Der Dativ (wie V 97: νομίζουσι ταῦτα), ein Dativ der beteiligten Person, ist abh. von ἐς δάκρυα ἔπεσε = dem Phrynichos brachen ... in Tränen aus. – τὸ θέητρον = οἱ θεαταί. – Von der Tragödie „Μιλήτου ἅλωσις“ ist nichts erhalten. Sie war ein bemerkenswerter Versuch des Phrynichos, statt der üblichen Götter- und Heroenmythen ein geschichtliches Ereignis aus der jüngsten Vergangenheit auf die Bühne zu bringen. – οἰκήια κακά: Milet galt als Tochterstadt Athens. – χρῆσθαι τῷ δράματι das Stück aufführen lassen.

31. ὁ ναυτικὸς στρατός die Seestreitkräfte. – χειμερίζειν den Winter über liegen. – ὅκως (= ὅπως) c. opt. iterativ. – ὡς ἑκάστην jede einzelne für sich. – σαγηνεύειν eigentl.: mit dem Netz (σαγήνη) fangen. – 2. διήκειν (poet.) sich ausdehnen. – Bei den gebirgigen Inseln war ein solches Verfahren nicht durchführbar. – **32.** οὐκ ἐψεύσαντο τὰς ἀπειλάς sie machten ihre Drohungen wahr. – ἐκτάμνειν entmannen. – ἀντὶ εἶναι = ἀντὶ τοῦ εἶναι. – ἐνορχέας (ion.) Unverschnittene. – ὁ εὐνοῦχος der Eunuch. – ἀνασπάστους ποιεῖν fortschleppen. – τὸ τρίτον Ἴωνες κατεδουλώθησαν: Wiederholung des Leitmotivs; vgl. Textb. S. 12. – ὑπὸ Λυδῶν: von Kroisos. – δὶς ἐπεξῆς (nacheinander) ὑπὸ Περσέων: zuerst von Kyros. – **33.** ἐσπλέοντι (τὸν Ἑλλήσποντον): dat. relationis. – ἦν γεγονότα war so schon. – Bei αἱ ἐν τῇ Εὐρώπῃ αἵδε schwebt πόλιες vor. – τὰ τείχεα die befestigten Plätze. – **42.** συνθήκας σφίσιν αὐτοῖσι ποιέεσθαι Vereinbarungen untereinander treffen. – δωσίδικοι sich dem Rechte unterwerfend (statt zu gewaltsamer Selbsthilfe zu schreiten). – φέροιεν καὶ ἄγοιεν: Sachen u. lebende Beute. – 2. μετρέειν κατὰ παρασάγγας nach Parasangen ausmessen. – τοὺς (Rel.) καλέουσι οἱ Πέρσαι so nennen die P. – τὰ τριήκοντα στάδια distributiv: je 30 Stadien. – κατὰ χώρην ἔχειν sich an seinem Platze, sich in Ruhe und Ordnung befinden; unverändert fortbestehen. – ταῦτα εἰρηνεῖα ἦν es diente zum Frieden. Die Angriffe der Perser auf die ionischen Griechen werden von Hdt. als „ἄδικα ἔργα“ empfunden und entsprechend dargestellt. Wenn im Gegensatz dazu hier die Durchführung des Landfriedens durch Artaphrenes und die Neuordnung in Ionien als ein Segen für die Bevölkerung bezeichnet wird, so zeugt das von dem objektiven Sinn des Historikers.

II. Die Feldzüge der Perser gegen Griechenland

1. Der Zug des Mardonios (492 v. Chr.)

43. ἅμα τῷ ἔαρι zugleich mit dem Frühling, zu Beginn des Frühlings. – καταλύειν abberufen. – ἐκ βασιλέος = ὑπὸ β. –

κάρτα sehr (zu πολλόν). – νεωστί erst vor kurzem. – 2. κομίζεσθαι fahren. – 3. ἀποδέκεσθαι glauben. – ἀποδέξασθαι von ἀποδείκνυσθαι darlegen. – κατίστα = καθίστη. – δημοκρατίας: vgl. III 80; es ist fraglich, inwieweit es sich um echte Demokratien handelte. Die Tyrannen waren offenbar zuwenig persisch gesinnt. – 4. τὸ χρῆμα die Menge. – **44.** τὸ πρόσχημα der Vorwand. – ὅσας ἂν πλείστας δύνωνται (wörtl.?) = soviele wie möglich; möglichst viele. – τοῦτο μέν . . . τοῦτο δέ einerseits . . . andererseits. – χεῖρας ἀνταείρεσθαι seine Hände gegen jmd. erheben, Widerstand leisten. – πρὸς τοῖς ὑπάρχουσι (πρός additivum c. dat.) zu den schon vorhandenen hinzu. – ἐντὸς Μακεδόνων diesseits (östlich) der M., von Persien her gesehen, d. h. die Völker zwischen Makedonien und dem Hellespont. – ἤδη: durch Megabazos. – 2. διαβάλλειν sc. τὰς νέας hinüberfahren (zu der nördlich von Thasos liegenden Küste Thrakiens). – ὑπὸ τὴν ἤπειρον dicht am Festland entlang. – περιέβαλλον = περιέπλεον. – βορῆς ἄνεμος Nordoststurm. – ἄπορος unwiderstehlich, ungestüm. – περιέσπε von περιέπειν behandeln, zusetzen. – πλήθεϊ πολλάς sehr viele. – 3. κατὰ τριηκοσίας an die dreihundert. – ὥστε θηριωδεστάτης (sehr fischreich) ἐούσης, ὥστε = ἅτε beim kausalen Partizip; mit den θηρία sind Haifische gemeint. – ἀράσσειν πρός τι schleudern gegen etwas. – οἳ δὲ αὐτῶν diejenigen von ihnen, welche. – ἐπιστέατο = att. ἠπίστηντο. – κατὰ τοῦτο = διὰ τοῦτο. – **45.** οὕτω ἔπρησσε so erging es ihm. – πρὸς Περσέων seitens der P. – προσπταίειν πρὸς τοὺς Βρύγους Verluste erleiden gegenüber den Br. – 2. ἀπαλλάσσεσθαι sich entfernen, sich wieder zurückziehen.

2. Der Zug des Datis und Artaphernes (490 v. Chr.)

a) Die Unterwerfung der Inseln in der Ägäis

94. ὁ Πέρσης der Perserkönig. – τὸ ἑωυτοῦ ἐποίεε er machte sich ans Werk. – ὥστε m. Part. = ἅτε m. Part. – μιν abh. von ἀναμιμνήσκοντος, vgl. V 105. – προσκατημένων (= zusetzen) sc. τῷ βασιλεῖ. – τοὺς μὴ δόντας: statt des zu erwartenden οὐ gibt μή dem Part. eine mehr konditionale Bedeutung. – γῆν καί ὕδωρ: als Zeichen der Unterwerfung. – 2. φλαύρως πρήξαντα τῷ στόλῳ mit seiner Flotte Unglück haben. – ἀδελφιδέος Neffe. – ἀνάγειν ἐς ὄψιν vor sein Antlitz führen; natürlich nur einen repräsentativen Teil der Bevölkerung. – **95.** τῆς Κιλικίης ἐς τὸ Ἀλήιον πεδίον: vgl. zu V 100. – ἐπιταχθεὶς ἑκάστοισι den einzelnen unterworfenen Völkern war auferlegt worden, ein bestimmtes Kontingent zu stellen. – ἱππαγωγοὶ νέες Pferdetransportschiffe. – προλέγειν anbefehlen. – 2. ἐσβάλλεσθαι verladen. – ἔχειν τὰς νέας die Schiffe steuern. – ἰθὺ τοῦ Ἑλλησπόντου gerade auf den H. zu. – διὰ νήσων: durch die Sporaden und Kykladen. – ποιεῖσθαι ταύτῃ τὴν κομιδήν diesen Weg nehmen. – πρὸς δέ außerdem. – **96.** προσέμειξαν τῇ Νάξῳ sich N. näherten. – ἐπέχειν sc. τὸν νοῦν beabsichtigen. – μεμνημένοι τῶν πρότερον: nämlich der in V 31ff. geschilderten Vorgänge. – τοὺς κατέλαβον αὐτῶν = τούτους αὐτῶν, οὓς κατέλαβον. – **97.** ἔα = εἴα (er ließ). – ἵνα wo. – 2. οὐκ ἐπιτήδεα καταγιγνώσκειν κατά τινος eine ungerechte Meinung von jdm. haben. – ἐπὶ τοσοῦτό γε φρονέω ich bin verständig genug. – ἐν τῇ χώρῃ ..., ταύτην = ταύτην τὴν χώρην ..., ἐν τῇ (Relat.). – οἱ δύο θεοί: Delos war nach griech. Glauben das Geburtsland des Apollon und der Artemis. Ein großer Teil der Bewohner der Insel stand im Dienste des Kultes dieser beiden Gottheiten; daher die Anrede mit „ἄνδρες ἱροί“. – σίνεσθαι (bei Hdt. gewöhnlich vom Kriegsheere gebraucht =) Schaden zufügen. – νέμεσθαι bewohnen, bebauen. – μετὰ δέ darauf. – λιβανωτοῦ (λιβανωτός Weihrauch) τριηκόσια τάλαντα κατανήσας (von κατανέω ich schichte auf). Gemeint ist wohl Weihrauch im Wert von 300 Talenten; aber auch das ist unwahrscheinlich. – θυμιάω ich zünde an.

98. μετὰ τοῦτον ἐξαναχθέντα: der Hauptbegriff liegt (wie I 34 μετὰ Σόλωνα οἰχόμενον) im Partizip. – Δῆλος ἐκινήθη: durch ein Erdbeben. – μέχρι ἐμεῦ bis zu meiner Zeit. Das Erdbeben kurz vor Beginn des Peloponnesischen Krieges kennt Hdt. anscheinend nicht. – τέρας prädikativ: als Zeichen. – 2. ἐπὶ Δαρείου (zur Zeit des) unter Dareios. – γενεέων von γενεή = die Generation; ἐπεξῆς = ἐφεξῆς (adv.) der Reihe nach, aufeinander folgend. – ἐπὶ εἴκοσι γενεάς, ἐπὶ hier: über etwas hin, während. Bezüglich des Gedankens vgl. Textb. S. 16f. – 3. ἀεικές unwahrscheinlich. – τὸ πρίν früher. – **100.** ἀπείπαντο (asigmatischer Aorist mit -α): absagen, verweigern. – τοὺς κληρουχέοντας τῶν ἱπποβοτέων Χαλκιδέων, κληρουχεῖν durchs Los (κλῆρος) erhalten, bes. als Ansiedler ein Stück Landes zugeteilt erhalten; ὁ ἱπποβότης = Rossenährer, so hießen in Chalkis auf Euboia die Aristokraten (Ritter), weil sie sich Pferde hielten. Κληρουχία bezeichnet eine Militärkolonie, die zur Sicherung besetzter wichtiger Punkte angelegt ist. So hatten im Jahre 519 die Athener nach ihrem Siege über Chalkis ein Gebiet am Euripos mit 4000 Kleruchen besetzt. Auf dem Besitz des diesen zugewiesenen Landes ruhte die Verpflichtung militärischen und polizeilichen Dienstes. – διδοῦσι (= διδόασι) τιμωρούς (Helfer). – ἄρα offensichtlich. – ὑγιές verständig. – ἐφρόνεον διφασίας ἰδέας sie hatten zweierlei Meinungen. – 2. ἴδια κέρδεα persönliche Vorteile. – 3. τούτων ἑκάτερα die Absichten dieser beiden Gruppen. – ἐὼν τὰ πρῶτα = ἐὼν πρῶτος. – ἐς τὴν σφετέρην sc. χώρην. – **101.** τῆς Ἐρετρικῆς χώρης κατὰ Ταμύνας: vgl. zu V 100. – τοὺς ἵππους ἐκβάλλεσθαι die Pferde ausladen. – προσφέρεσθαι τοῖσι ἐχθροῖσι die Feinde angreifen. – 2. οὐκ ἐποιεῦντο βουλήν sie konnten sich nicht entschließen. – εἴ κως ob vielleicht. – πέρι μέλει μοί τινος ich bin auf etwas besonders bedacht. – ἐνίκα sc. γνώμη: im Kriegsrat hatte sich die Meinung durchgesetzt. – 3. ἀποτινύμενοι von ἀποτίνυσθαί τινος Vergeltung üben für etwas.

b) Die Schlacht bei Marthon (490 v. Chr.)

102. ἐπέχειν an sich halten, warten. – κατέργοντες von κατείργειν sc. τοὺς Ἀθηναίους: in die Enge treiben. – ταὐτὰ ποιήσειν wie κακῶς ποιεῖν mit dem Akkusativ. – ἐνιππεῦσαι die Reiterei verwenden. Die Ebene von Marathon zieht sich über zwei Stunden lang ohne Unterbrechung von Süden nach Nordost längs des Meeres hin, eignete sich also gut für Kavallerieangriffe. – κατηγέετο = καθηγεῖτο er führte. – **103.** στρατηγοὶ δέκα: man wählte jährlich 10 Feldherrn, und zwar aus jeder Phyle einen. Sie waren im Rang gleich, der Oberbefehl wechselte täglich. – καταλαμβάνει με es trifft mich das Geschick. – φυγεῖν Πεισίστρατον vor P. fliehen. – **105.** ἡμεροδρόμος Schnellläufer. – μελετᾶν τι etwas berufsmäßig betreiben. Die Namensform Φειδιππίδης (= der Pferdeschoner) neben dem gleichfalls überlieferten Φιλιππίδης scheint auf einem Volkswitz zu beruhen. – περιπίπτειν τινί jdm. begegnen. – 2. βώσαντα = βοήσαντα. – Πάν: vgl. Eigennamenverz. – ἐπιμελείην ποιεῦνται statt ἐπιμελεῖσθαι, wie VI 101, 2 βουλὴν ποιεῖσθαι statt βουλεύεσθαι. – πολλαχῇ bei mancher Gelegenheit. – 3. καταστάντων εὖ τῶν πρηγμάτων als die Lage gut war, als Frieden geworden war. – ἱρόν: die Pansgrotte an der Burg von Athen. – λαμπάδι durch einen Fackelwettlauf; vgl. zu VIII 98. – ἱλάσκεσθαι (poet.) verehren. – **106.** ὅτε πέρ οἱ als ihm auch. – δευτεραῖος am zweiten Tage. – Der Weg von Athen bis Sparta beträgt etwa 200 km. – περιιδεῖν πόλιν δουλοσύνῃ περιπεσοῦσαν, περιορᾶν mit a. c. p. untätig zuschauen, es geschehen lassen. – 3. ἕαδε von ἁνδάνειν = gefallen, beschließen. – ἀδύνατα = ἀδύνατον. – λύειν τὸν νόμον das Gesetz übertreten. – ὁ μὴν ἵσταται der Monat beginnt. – εἰνάτη (sc. ἡμέρα): nämlich im Monat Karneios (August-September). Am 7.–15. Tage dieses Monats wurde zu Ehren des Karneios, der dem Apollon gleichgesetzt wurde, das Fest der Karneen mit gymnischen und musischen Agonen gefeiert. Während des Festes mußte W a f f e n r u h e herrschen. – μὴ οὐ πλήρεος ἐόντος solange noch nicht . . .; die zweifache Negation, weil der übergeordnete Satz verneint ist. – κύκλου: nämlich τῆς σελήνης. – **107.** τὴν πανσέληνον ἔμενον sie warteten den Vollmond ab.

108. ἐν τεμένεϊ Ἡρακλέος: wo dieser „Tempelbezirk" des H. gelegen hat, ist unbekannt. – ἐδεδώκεσαν σφέας αὐτούς = sich in jmds. Schutz begeben. – συχνοὺς πόνους ἀναιρεῖσθαι viele Mühen auf sich nehmen. – **109.** δίχα γίγνεσθαι auseinandergehen. – οὐκ ἐᾶν abraten, dagegen sein. – ὀλίγους c. inf. zu wenige, um zu. – 2. ἡ χείρων τῶν γνωμέων: gemeint sind die Stimmen der 5 Strategen, die den Kampf ablehnten. Da sich nämlich bei der Abstimmung Stimmengleichheit ergeben hatte, war griechischem Brauche gemäß zunächst im Sinne der negativen Stimmen entschieden. – ὁ ψηφιδοφόρος der Abstimmende. – ὁ τῷ κυάμῳ (ὁ κύαμος die Bohne, das Bohnenlos) λαχὼν πολεμαρχέειν der durch das Bohnenlos bestimmte Polemarch; diese Angabe beruht auf einem Irrtum. Denn erst im Jahre 487 wurde Solons Anordnung, daß für die Archontenwahl die einzelnen Phylen geeignete Kandidaten vorschlagen und aus diesen dann durch das Los die neun Archonten bestimmt werden sollten, wieder eingeführt. Seit Peisistratos und noch i. J. 490 galt der Brauch, die Archonten in direkter Wahl zu wählen. – τὸ παλαιόν von alters her. – ὁμόψηφός τινι dasselbe Stimmrecht habend wie ein anderer. – πρὸς τοῦτον: durch die zahlreichen parenthetischen Sätze ist ein Anakoluth entstanden. – 3. μνημόσυνον λιπέσθαι (μνημόσυνος das Andenken erhaltend) ein Denkmal hinterlassen. – ὑποκύπτειν sich darunterbücken, sich ohne Kampf unterwerfen. – δέδεκται (att. δέδεικται) es ist klar. – 4. ἐς σὲ ἀνήκει es hängt von dir ab. – τὸ κῦρος ἔχειν τούτων τῶν χρημάτων diese Dinge entscheiden. – ἔρχομαι φράσων: vgl. zu I 5, 3. – 5. ἔλπεσθαι (mit Inf. fut.) erwarten, befürchten. – σαθρόν τί ἐγγίγνεται (σαθρός zersprungen) ein Riß (Zwietracht) entsteht. – μετεξέτεροι = ἔνιοι. – τὰ ἴσα νέμειν (wörtl.?) nicht parteiisch sein. – 6. ἐς σὲ τείνει es geht auf dich, es steht bei dir. – ἐκ σέο ἤρτηται (von ἀρτᾶν aufhängen) es hängt von dir ab. – προσθῇ von προστίθεσθαι sich anschließen. – τὴν . . . ἕλῃ: zu τήν erg. γνώμην. – ἀποσπεύδειν eifrig widerraten.

110. ἐκεκύρωτο συμβάλλειν, κυροῦν etwas entscheiden. – ἡ γνώμη φέρει die Meinung geht dahin. – ἑκάστου ἐγίνετο: gen. poss. – ἡ πρυτανηΐη τῆς ἡμέρης die täglich wechselnde Oberfeldherrnwürde. – οὔτι κω, πρίν nicht eher, als bis. – **111.** ὁ νόμος ἔχει ὧδέ τισιν so ist es Brauch bei jdm. Ursprünglich führte der König den rechten Flügel; der Polemarchos hatte Funktion und Ehrenplatz übernommen. – ἐκδέκεσθαι folgen, sich anschließen. – ὡς ἀριθμέοντο wie sie gezählt wurden; die Phylen hatten eine bestimmte Reihenfolge, die alljährlich ausgelost wurde. – ἔχεσθαι ἀλλήλων sich aneinander anschließen. – 2. σφι zu κατεύχεται. – θυσίας ἀνάγειν ἐς τὰς πανηγύριας (Opfertiere [zur Burg] hinaufführen zu den Festversammlungen =) Opfer darbringen an den Festen. – ἐν τῇσι πεντετηρίσι an den in jd. 5. Jahr stattfindenden Festen; gemeint sind die Panathenäen. – 3. ἐξισούμενον τῷ Μηδικῷ στρατοπέδῳ: aus der hier gemeldeten Tatsache, daß bei der Aufstellung zur Schlacht die attischen Reihen ebenso lang gemacht wurden wie die persischen, geht hervor, daß die Perser sich zuerst zur Entscheidungsschlacht formiert, die Schlacht also provoziert, die Griechen die Herausforderung angenommen haben. – ἐπὶ τάξιας ὀλίγας nur wenige Reihen tief. – ἔρρωτο πλήθεϊ die beiden Flügel waren besonders stark gemacht. – **112.** ὥς σφι διετέτακτο als die Aufstellung von ihnen beendet war = als sie sich aufgestellt hatten. – ἀπείθησαν = att. ἀφείθησαν sie wurden losgelassen, der Angriffsbefehl erging an sie. – δρόμῳ ἵεντο: der Zwischenraum zwischen der griechischen und persischen Ausgangsstellung betrug 1,5 km. Es ist mehr als unwahrscheinlich, daß Hopliten in ihrer schweren Rüstung diese ganze Strecke im Laufschritt zurückgelegt haben sollten. Miltiades wird vielmehr sein Heer im Schritt gegen die feindliche Linie geführt haben. Als er dann in das Schußfeld der persischen Waffen kam, wird er für die letzten 100 m etwa den Laufschritt befohlen haben. – τὸ μεταίχμιον (αἰχμή) der Zwischenraum zwischen zwei Heeren. – 2. μανίην ἐπιφέρειν Wahnsinn vorwerfen, als Tollheit ansehen. – ὀλίγους sc. ἐόντας; die Hoplitenphalanx zählte rund 10 000 Mann. – ἐπείγεσθαι heranstürmen. – τοξευμάτων metonymisch für τοξόται; Reiterei und Bogenschützen pflegten den Kampf zu eröffnen. – κατεικάζειν vermuten. – 3. ἀθρόοι dicht aneinander gedrängt. –

πρῶτοι ἀνέσχοντο: gilt nur für Kämpfe im Mutterland; in Asien hatten sich Griechen und Perser schon öfter gegenübergestanden. – ἐσθημένους, ἐσθεῖν nur im Perf. Pass. gebräuchlich: bekleidet. – τέως bis dahin. – **113.** Zu μαχομένων erg. ἀμφοτέρων. – τὸ μέσον: Akk. der Beziehung. – ῥηγνύναι (die Schlachtlinien) durchbrechen. – 2. τὸ τετραμμένον τῶν βαρβάρων wörtl.: der besiegte Teil der Barbaren. – τοῖσι ῥήξασι zu ἐμάχοντο. – συνάγειν τὰ κέρεα die beiden Flügel zusammenziehen. – πῦρ: Fackeln, um die persischen Schiffe in Brand zu stecken. – ἐπελαμβάνοντο: Impf. de conatu; ἐπιλαμβάνεσθαί τινος angreifen, ergreifen. – **114.** ὁ πόνος (wie bei Homer) der Kampf. Diese Phase der Schlacht erinnert an den Kampf um die Schiffe bei Homer (Il. Ν 2ff.). Zum epischen Stil gehört auch die Tmesis in ἀπὸ δ' ἔθανε. – τὸ ἄφλαστον: das gebogene und oft reich verzierte Schiffsheck, der Knauf. Dieses war dem Lande zugekehrt. – ἀποκοπεὶς τὴν χεῖρα: Akk. der Beziehung. – πελέκεϊ das „Beil" war die Hauptwaffe der Saken.

115. ἐξανακρούεσθαι (rückwärts) abstoßen und auslaufen. – Zu ἀναλαβόντες (an Bord nehmen) ist aus dem Relativsatz τὰ ἐξ 'Ερετρίης ἀνδράποδα als Objekt hinzuzusetzen. – αἰτίη ἔσχεν ἐν 'Αθηναίοισι (zu vergleichen ist der Ausdruck λόγος ἔχει = es geht das Gerücht) die Beschuldigung setzte sich in Umlauf. – ἐκ μηχανῆς infolge eines verräterischen Anschlags. – 'Αλκμεωνιδέων: vgl. Verz. der Eigenn. Die Alkmeoniden, wohlhabend und einflußreich, haben bald nach ihrer Rückkehr aus der Verbannung wieder eine führende Rolle in Athen gespielt; auch Perikles stammte aus diesem Geschlecht. Da durch ihre Umtriebe häufig Parteikämpfe in Athen hervorgerufen wurden, gaben sie selber oft Anlaß zu Verdächtigungen. – συνθεμένους τοῖσι Πέρσῃσι auf Grund einer Vereinbarung mit den Persern. – ἀναδέξαι ἀσπίδα (von ἀναδείκνυμι): (als Zeichen) einen Schild hoch halten (um so den Persern anzuzeigen, daß sie bereit seien, ihnen die Stadt in die Hände zu spielen). – **116.** ὡς ποδῶν εἶχον (Gen. d. Ber.) so schnell wie möglich. – ἔφθησαν ἀπικόμενοι: die kürzeste Entfernung zwischen Marathon und

Athen beträgt zu Lande etwa 42 km. Die Flotte hatte etwa 100 km zurückzulegen. – ἐν ἄλλῳ Ἡρακλείῳ τῷ ἐν Κυνοσάργεϊ: südöstl. von Athen; vgl. Eigennamenverz. u. d. W. Κυνόσαργες. – ὑπεραιωρηθέντες Φαλήρου (von ὑπεραιωρέεσθαι) auf die Höhe von Ph. kommen. – τὸ ἐπίνειον der Hafen. – τότε damals noch; später wurde der Peiraieus auf Betreiben des Themistokles zum Haupthafen ausgebaut. – ἀνακωχεύειν auf hoher See vor Anker legen. – **117.** ἑκατόν . . .: die Verluste der Athener sind – wohl nach den Gefallenenlisten - richtig angegeben. – 2. ἡ σύστασις das Gedränge. – τῶν ὀμμάτων στερηθῆναι (wörtl.?) erblinden. – πληγέντα: mit dem Schwerte; βληθέντα: mit Pfeil oder Lanze. – 3. τὸ γένειον Kinn, Bart (wie ihn der personifizierte Thanatos trägt). – σκιάζειν überschatten; zum Inf. vgl. II 118, 3. – τὸ φάσμα (φαίνω) die Erscheinung, das Gespenst. – **119.** προσέχειν landen. – ἐνεῖχέ σφι χόλον er hegte Groll gegen sie; trotz σφι gen. abs. ἀρξάντων τῶν Ἐ. – 2. ὁ σταθμός: so hießen die Quartiere (Landgüter), wo der Großkönig auf seinen Reisen einzukehren pflegte. – τὸ φρέαρ der Brunnen. – τριφασίας ἰδέας Dinge in dreifacher Form (Erscheinungsform). – ἀρύσσεσθαι gewinnen. Es handelt sich um Ölvorkommen in der Nähe der irakisch-iranischen Grenze. Man schöpfte das Öl vom Wasser ab. – ῥαδινάκη Rhadinake oder Radanak. – ὀδμή Geruch. – **120.** ἔχοντες σπουδήν sich beeilend. – καταλαβεῖν erreichen sc. Ἀθήνας. – τριταῖοι am 3. Tag; sogar ein Eilbote (VI 106) brauchte fast zwei Tage. – ὕστεροι τῆς συμβολῆς (gen. compar.) nach der Schlacht. – ἱμείρεσθαι wünschen.

Hdt. hat die Hauptmomente der Schlacht von Marathon im allgemeinen richtig dargestellt.

In einem Gemälde auf einer Seitenwand der Stoa Poikile haben Polygnot und Panainos (nach anderer Überlieferung Mikon) die Marathon-Schlacht bildlich dargestellt. Pausanias (I 15) beschreibt das Wandbild: Links stand der Kampf noch. Griechische Verstärkungen eilten heran; Miltiades wies mit der Hand die Angriffsrichtung. In der Mitte fliehende Perser, von Griechen verfolgt; eine Anzahl Perser waren bereits in den Sumpf gedrängt. Auf der rechten Seite hatten athenische Truppen unter Führung des Kallimachos die persischen Schiffe erreicht. Ein attischer Abteilungsführer starb in vorderster Linie. Auf dem Boden weithin verstreut persische und griechische Waffen. Persische Feldherrn aber sahen untätig zu, wie ihre Leute umkamen.

Buch VII

3. Der Zug des Xerxes (480 v. Chr.)

a) Rüstungen und Vorbereitungen

1. καὶ πρίν schon vorher. – κεχαραγμένον von χαράσσειν einkratzen; χαράσσειν τινί erbittern, aufbringen gegen jmd. – καὶ δὴ καί leitet den Hauptsatz ein: nun vollends. – δεινὸν ποιεῖν (= aegre ferre) ergrimmt sein. – ὥρμητο (von ὁρμᾶν antreiben) er war willens. – 2. νέας Kriegsschiffe; πλοῖα Transportschiffe. – ἡ 'Ασίη ἐδονέετο, δονεῖν (poet.) in Bewegung setzen. – καταλέγειν auswählen. – **4.** συνήνεικε = συνέβη mit a. c. i. es geschah, daß. – ἐκγίγνεταί μοι es ist mir vergönnt. – **5.** ἄγερσιν ποιεῖσθαι = ἀγείρειν; vgl. zu VI 105, 2. – παρεών: M. gehörte zur ständigen Umgebung des Großkönigs. – ἀνέψιος Vetter. – τοιούτου λόγου εἴχετο er hielt sich an dieses Wort, er legte ihm wiederholt folgendes nahe. – 2. οὐκ οἰκός (= εἰκός recht) ἐστιν μὴ οὐ δοῦναι δίκην: bzgl. der doppelten Negation beim Inf. vgl. zu VI 106, 3. – τῶν ἐποίησαν aus δίκην τούτων, ἃ ἐποίησαν. – ἀλλ' εἰ mit dem Optativ zur Einleitung eines in milder Form vorgetragenen Vorschlags: wie nun, wenn du jetzt das tätest ... – ἐν χερσὶ ἔχειν unter Händen haben, vorbereiten. – ἡμεροῦν (ἥμερος zahm) unterwerfen. – ἵνα λόγος σε ἔχῃ πρὸς ἀνθρώπων ἀγαθός damit du bei den Menschen hohen Ruhm gewinnst; ähnlich Hom. Od. α 95. – τις man. – 3. λόγος τιμωρός zur Rache auffordernde Rede. – λόγου παρενθήκην ποιεῖσθαι ein Einschiebsel, einen Zusatz zu seiner Rede machen. – τὰ ἥμερα was fruchttragende sind. – ἀρετή Fruchtbarkeit. – ἄκρη ausgezeichnet, unvergleichlich. – ἐκτῆσθαι = κεκτῆσθαι gehören. – **6.** οἷα (= ἅτε) ἐών kausal. – κατεργάζεσθαι das Widerstreben jmds.

überwinden. – **7.** ἀνεγνώσθη = ἀνεπείσθη. – ἀπεστεῶτας sc. Αἰγυπτίους. – ἐπὶ Δαρείου zur Zeit des Dareios. – ἐπιτρέπει er überträgt (zur Verwaltung).

b) Der Kronrat der Perser

8. ἐς χεῖρας ἄγεσθαι unternehmen. – τὸ στράτευμα hier: der Feldzug. – σύλλογος ἐπίκλητος eine berufene, d. h. außerordentliche Versammlung. Eine solche ist auf der sog. „Perservase" (Textb. S. 137) dargestellt. Das Vasenbild ist dreiteilig. Der obere Streifen zeigt rechts im Prunkgewande 'Ασία, daneben 'Απάτη (die Selbsttäuschung) im Begriff, zwei brennende Kriegsfackeln auf 'Ελλάς zu schleudern, die in demütiger Haltung in der Mitte zwischen Zeus und Athena steht. An Zeus' Knie gelehnt, weist die geflügelte Νίκη bedeutungsvoll auf Hellas hin. Links davon Apollon mit dem Schwan und, auf einer Hirschkuh sitzend, Artemis. Der untere Streifen will die Macht des Großkönigs andeuten: Abgesandte aus fünf botmäßigen Ländern entrichten dem Schatzmeister des Großkönigs ihren Tribut. – Im Mittelstreifen dann ein Kronrat des Perserkönigs, ähnlich dem, den Hdt. schildert: im Mittelpunkt Dareios auf einem reichverzierten, goldenen Thronsessel im Gespräch mit einem Boten, der warnend die Hand erhebt; hinter ihm ein bewaffneter Trabant; zu beiden Seiten Berater, ihrer Kleidung nach Perser und Griechen, deren lebhafte Gesten die Wichtigkeit des Besprochenen andeuten. – *α.* κατηγήσομαι νόμον τόνδε τιθείς ich werde folg. Brauch nicht zuerst einführen. – οὐδαμά κω noch nie. – ἀτρεμίζειν Frieden halten. – ἐπείτε = ἐπειδή, hier = seitdem. – ἐπέπουσι (von ἐφέπειν [poet.] betreiben) zu ἡμῖν. – συμφέρεται es trifft sich, es gerät. Xerxes sieht den persischen Eroberungsdrang als göttlichen Auftrag an. – 2. τὸ κῦδος (poet.) der Ruhm. – τῆς νῦν ἐκτήμεθα: abh. von den folg. Komparativen. – ὑπερτίθεσθαι vortragen. – *β.* ἐλᾶν (poet.) = ἐλαύνειν. – τιμωρήσωμαι, ὅσα πεποιήκασι, erg.:

für das, was. – 2. ἰθύειν (ion.) auf etwas ausgehen, beabsichtigen. – πρὶν ἤ: im Att. würde ἤ fehlen, aber ἄν stehen. – οἵ γε sc. Ἀθηναῖοι. – 3. ἐς τὴν σφετέρην ἀποβάντας in ihr Land eindringend. – γ. ἀνάρτημαι (von ἀν-αρτᾶν = aufhängen an etwas) ich bin willens. – ἐν αὐτοῖσι dabei (bei dieser Unternehmung). – πλησιόχωρος angrenzend, benachbart. – νέμεσθαι bewohnen. – ἀποδέξομεν von ἀποδεικνύναι hier: zu etwas machen. – ὁμουρέουσαν benachbart, angrenzend an etwas; Vermessenheit des Gedankens! Vgl. Textb. S. 17. – 2. σφέας = αὐτάς. – διὰ πάσης τῆς Εὐρώπης: Leitmotiv, vgl. Textb. S. 12 u. 17. – 3. ὑπεξαραιρημένων von ὑπεξαιρεῖν = aus dem Wege räumen. – δούλιον ζυγόν: ebenso Aischyl. Pers. 50: ζυγὸν ἀμφιβαλεῖν δούλιον Ἑλλάδι. – οἵ τε αἴτιοι ... οἵ τε ἀναίτιοι, τε ... τε = μέν ... δέ; ἡμῖν ist dat. ethicus. – δ. πάντα τινά ein jeder. – ἐν ἡμετέρου in unserem Volke. – 2. ἰδιοβουλέειν für seinen eigenen Kopf handeln. – ἐς μέσον zur gemeinsamen Beratung.

9. εἶς = att. εἶ. – τά τε ἄλλα λέγων ἐπίκεο ἄριστα καὶ ἀληθέστατα du stelltest das übrige sehr gut und richtig dar. – Ἴωνας τοὺς ἐν τῇ Εὐρώπῃ κατοικημένους: die Orientalen bezeichneten alle Hellenen als Ἴωνες (Javan). – καταγελάσαι ἡμῖν statt ἡμῶν. – ὄντας ἀναξίους die doch wahrhaftig kein Recht dazu haben. – 2. πολλὰ καὶ μεγάλα gehört zu ἔθνεα, οὐδὲν zu ἀδικήσαντα. – πλήθεος συστροφήν das Vereinigen einer Menge, die Menge der Krieger. – α. χρημάτων δύναμιν: es charakterisiert den Redner, daß er meint, der Sieg hänge ab von der Zahl der Truppen und der Menge des zur Verfügung stehenden Goldes. Beachte die Verwendung rhetorischer Mittel; hier drei rhetorische Fragen. – τῶν ἐπιστάμεθα τὴν μάχην wir kennen doch ihre Kampfesweise. – ἔχομεν ... καταστρεψάμενοι wir haben in unsere Dienstbarkeit gebracht. – 2. ὀλίγον ἀπολιπόντι ἀπικέσθαι = ὀλίγου δεήσαντι ἀπικέσθαι der ich beinahe gekommen wäre. – ἀντιοῦσθαι entgegentreten. – β. πολέμους ἵστασθαι Kriege führen. – ὑπὸ ἀγνωμοσύνης καὶ σκαιότητος aus Unverstand und Ungeschick. – λεῖος eben. – ἑσσοῦσθαι = ἡττᾶσθαι. – οὐδὲ ἀρχήν erst gar nicht. – ἐξώλεες gänzlich vernichtet. – 2. χρῆν καταλαμβάνειν τὰς διαφοράς sie sollten ihre Streitigkeiten schlichten. – καὶ παντὶ μᾶλλον ἤ und durch jedes andere Mittel eher als durch ... – Hdt. legt hier dem Mardonios einen Gedanken in den Mund, den er selber hegt und, wie es scheint, in den ersten Jahren des Peloponnesischen Krieges niedergeschrieben hat; vgl. Textb. S. 16f. – δυσχείρωτος schwer zu besiegen. – πειρᾶν = πειρᾶσθαι. – οὐκ ἦλθον ... μάχεσθαι sie kamen nicht auf den Gedanken zu kämpfen. – γ. ἐς τοῦτο θάρσεος ἀνήκειν sich zu diesem Maße von Verwegenheit versteigen. – ἐπαρθέντες ἀβουλίῃ durch Unklugheit erhoben, in unsinniger Kühnheit. – εἰμὲν = ἐσμέν. – ἔστω δ' ὦν μηδὲν ἀπείρητον auf jeden Fall darf man nichts unversucht lassen. – Zu οὐδέν erg. ἐστίν. – φιλέει es pflegt.

10. ἐπιλεήνας von ἐπιλεαίνειν überglätten, die Meinung annehmlicher machen. – τῷ πίσυνος ἐών vertrauend auf etwas; τῷ ist Neutrum. – α. μὴ λεχθεισέων ist konditional aufzulösen. – οὐκ ἔστι es ist nicht möglich. – αἱρεόμενον bei der Wahl. – ἀκήρατος χρυσός lauteres, pures Gold. – παρατρίβειν τινί an etwas reiben. – 2. οὐδαμόθι γῆς nirgends in ihrem Lande. – τε οὐκ ... τε nicht ... sondern. – 3. τὸ αὐτοῖσι ἔνεστι δεινόν was dabei zu befürchten ist. – β. καὶ δὴ καὶ συνήνεικε angenommen nun, es trüge sich wirklich zu. Der Indikativ drückt hier eine Vorstellung als Wirklichkeit aus. – πάρεστιν man kann. – σταθμώσασθαι (= σταθμήσασθαι), εἰ daraus schließen, entnehmen, daß. – 2. οὐκ ὦν σφι ἐχώρησε jedoch gesetzt, es gelang ihnen nicht. – ἀμφοτέρῃ d. h.: nicht zu Lande. – γ. συμβάλλεσθαι vermuten, Erwägungen anstellen. – ἀλλ' οἷόν κοτε = ἀλλὰ (συμβάλλομαι τῷ πάθει) οἷον ἡμᾶς κοτε ὀλίγου ἐδέησε καταλαβεῖν sondern auf Grund des Schicksals, das uns beinahe betroffen hätte. – παντοῖοι ἐγένοντο δεόμενοι sie suchten auf alle Weise zu bewegen. – 2. διέργαστο (= διέφθαρτο) ἂν τὰ Περσέων πρήγματα dann wäre es mit der Macht der P. vorbei gewesen. – καὶ λόγῳ ἀκοῦσαι δεινόν es ist schon schrecklich genug, zu hören. – δ. αὖτις später. – 2. θέλει = μέλλει. – ἐναντιοῦταί τι es stellt sich eine Widerwärtigkeit ein. – εὖ βεβούλευται οὐδὲν ἧσσον er ist um nichts weniger gut beraten gewesen; entsprechend κακῶς βεβούλευται

(Antithese). – ἡ τύχη ἐφέπεται das Glück begleitet. – εὕρημα εὕρηκε er hat einen Zufallsfund gemacht. – Artabanos schließt seine Rede mit volkstümlicher Spruchweisheit, Gedanken, die in ähnlicher Formulierung sich auch in der Tragödie finden. – ε. τὰ ὑπερέχοντα ζῷα κεραυνοῖ ὁ θεός: vgl. Soph. Ai. 758: τὰ γὰρ περισσὰ σώματα πίπτειν βαρείαις πρὸς θεῶν δυσπραξίαις. – φαντάζεσθαι sich in Übermut erheben. – κνίζειν reizen. – τὰ τοιαῦτα: nämlich τὰ μέγιστα. – ἀποσκήπτειν schleudern, fallen auf. – κολούειν verstümmeln. – κατὰ τοιόνδε auf die Art. – σφι: nämlich τοῖς στρατιώταις. – ἐμβάλῃ (zu φόβον und βροντήν) = schrecken mit etwas. – δι' ὧν ἐφθάρησαν: durch die Abtrennung der Präposition διά wird ihr größerer Nachdruck verliehen; der Aorist ist ein gnomischer; i. D. also Präsens. Der Hinweis auf den Neid der Götter ist bedeutsam: er soll an das Schicksal des Kroisos erinnern. – ζ. πᾶν πρῆγμα ist Obj. zu ἐπειχθῆναι (übereilen), dieses ist Subj. zu τίκτει. – τὸ ἐπισχεῖν die Zurückhaltung. – ἀνὰ χρόνον im Lauf der Zeit. – η. ματαίους töricht, geringschätzig. – ἐπαίρειν ermuntern. – προθυμίην ἐκτείνειν etwa: Eifer aufwenden. – 2. ἀτρεκέως genau. – θ. ἦθος hier = Wohnsitz. – παραβάλλεσθαι zum Pfand geben. – 2. τῇ = ᾗ. – ἀναβαίνῃ = ἀποβαίνῃ (ausgeht). – 3. ὑποδύνειν auf sich nehmen. – οὐκ nach εἰ, weil es mit ἐθελήσεις einen Begriff bildet. – διαφερεύμενον (διαφέρειν hier = zerreißen) zu Μαρδόνιον. Hdt. urteilt griechisch; bei den Persern galt es als wünschenswert, wenn die Leiche von Tieren verzehrt wurde. – σέ γε: Wiederaufnahme von Μαρδόνιον, dabei Wechsel der Pers. – ἀναγιγνώσκειν = ἀναπείθειν. – βασιλέα: betont das erste und letzte Wort der Rede des Artabanos.

11. θυμωθείς: vgl. zu III 36. – εἷς = εἶ. – ῥύσεται μηδένα μισθὸν λαβεῖν: die (i. D. überflüssige) Negation wegen der in ῥύσεται (retten, bewahren) enthaltenen Verneinung. – καὶ προστίθημι doch lege ich dir auf. – ἐπιτελέα ποιήσω = ἐπιτελῶ. – 2. μὴ γὰρ εἴην ἐκ Δαρείου γεγονώς: der Optativ (als Wunsch-Modus) drückt hier eine Verwünschung aus: ich will nicht Nachkomme des Dareios sein. Hdt. überliefert den

Stammbaum der Achaimeniden so, wie ihn auch Dareios in der Inschrift von Behistun mitteilt; vgl. S. 56f. Die ältere Linie des Hauses, das sich nach dem Tode des Teïspes um 640 in zwei Linien spaltete, ist nicht vollständig angegeben. Vgl. Eigennamenverz. u. Ἀχαιμενίδαι. – ἀλλ' οὐκ ἐκεῖνοι sc. ἡσυχίην ἄξουσιν. – καὶ μάλα ganz gewiß. – σταθμόεσθαί τινι aus etwas schließen. – τὰ ἔκ τινος ὑπαργμένα (von ὑπάρχειν) das von jdm. Angefangene. – 3. δυνατῶς ἔχει es ist möglich. – ἐξαναχωρέειν ausweichen. – πρόκειται (ἀγών) es gilt. – τὸ γὰρ μέσον οὐδὲν τῆς ἔχθρης ἐστί, τὸ μέσον: bei Hdt. oft „der Unterschied". Daher (der Unterschied der Feindschaft [auf beiden Seiten] ist ein Nichts =) die Feindschaft ist auf beiden Seiten gleich groß. – 4. καλόν verbinde mit γίνεται (= ἐστίν). – προπεπονθότας die wir zuerst beleidigt sind. – τιμωρέειν absolut: Rache nehmen. – ἵνα καὶ τὸ δεινὸν ... μάθω: ironischer Hinweis auf die Gefahren, denen der Großkönig nach den Worten des Artabanos (VII 10 β) entgegengeht. – καὶ ἐς τόδε noch bis auf den heutigen Tag. – ἐπώνυμοι τοῦ καταστρεψαμένου καλέονται sie werden nach dem Namen des Siegers genannt. – **12.** ἐπὶ τοσοῦτο soweit. – ἡ εὐφρόνη die Nacht. – κνίζειν (s. 10 ε) quälen. – νυκτὶ βουλήν διδόναι die ganze Nacht überlegen. – εὕρισκε: durativ. – Verb. οὐ παγχὺ πρῆγμά ἐστιν es lohnt sich ganz und gar nicht. – κου: Hdt. will sich nicht für die Richtigkeit verbürgen. – 2. μετὰ δὴ βούλεαι Tmesis: ändern also willst du deinen Entschluß. – ἁλίζειν sammeln. – συγγιγνώσκεσθαι zustimmen. – πάρα = πάρεστιν. – ἀποπτάσθαι von ἀποπέτεσθαι davonfliegen. – **13.** οὐδένα λόγον ποιέεσθαί τινος etwas nicht beachten. – 2. ἀγχίστροφα βουλεύεσθαι einen Entschluß rasch ändern. – φρενῶν ... ἀνήκω ich bin noch nicht bis zur höchsten Stufe der Weisheit gekommen. – ἐπιζέειν (poet.) aufbrausen. – 3. ὡς μεταδεδογμένον μοι abs. Part.: da ich mich anders entschlossen habe. – **18.** διεξῆλθε ἀπηγεόμενος er (Artabanos) erzählte ausführlich. – δεύτερα = ἔπειτα. – 2. ἔων = εἴων. – ὡς ἔπρηξε wie er ausging; mache τὸν στόλον zum Subj., Prolepsis. – ἐπὶ Μασσαγέτας: vgl. I 201ff.; ἐπὶ Αἰθίοπας: vgl. III 25ff.; ἐπὶ Σκύθας: vgl. IV 83ff. – 3. ἀτρεμίζειν (poet.)

Frieden halten. – οἶκε = ἔοικε. – θεήλατος (poet.) von Gott verhängt. Das Verhängnis ist schon am Werk. – παραδιδόντος sc. στρατεύεσθαι. – 4. ἐπαρθέντες ermuntert. – ὡς τάχιστα sobald. – ὑποτίθεσθαι unterbreiten. – ἀποσπεύδων (abraten) – ἐπισπεύδων: beachte das Wortspiel!

Mit der Schilderung des Kronrats beginnt der Höhepunkt des Geschichtswerks, zu dem Hdt. in den ersten sechs Büchern auf vielen Wegen und Nebenwegen den Leser vorbereitend hinführt: der Entscheidung in dem großen Ringen zwischen griechischem Freiheitswillen und persischem Eroberungsdrang. Der Kronrat bildet die Exposition des sich entwickelnden Dramas. Hauptakteur ist der ganz von seinem Thymos beherrschte, jugendliche König Xerxes, das Urbild eines Despoten; seine Hybris ist kaum noch zu überbieten; die „Eifersucht" der Götter ist erwacht.

20. παραρτέεσθαι in Bereitschaft setzen. – πρόσφορος nützlich. – ἀνομένῳ (ἄνειν = ἀνύειν vollenden) im Laufe des 5. Jahres. Der Feldzug begann von Sardeis aus im Frühling, der Marsch von da bis zu den Thermopylen dauerte bis zum August. – 2. χειρὶ μεγάλῃ πλήθεος (ἡ χείρ = manus, Mannschaft) mit einem gewaltigen Heere. – **21.** κοῖον: zur Abwechslung statt τί. – πινόμενον, prädikativ: beim Trinken; das hat die Volkserzählung schon so formuliert. – 2. ἵππος Reiterei. – ἅμα στρατευομένοισι indem sie zugleich auch Truppen stellen mußten. – **22.** τοῦτο μέν: ein τοῦτο δέ folgt zunächst nicht, eine entsprechende Partikel erst VII 25. – προσπταίειν anstoßen, Schiffbruch erleiden. – προετοιμάζεσθαι ἐς τὸν Ἄθων seine Vorkehrungen für den A. treffen. – ἐκ τριῶν ἐτῶν κου μάλιστα wohl seit drei Jahren. – ὀρύσσειν einen Kanal anlegen, durchstechen. – ὑπὸ μαστίγων unter Geißelhieben. (Die Peitsche ist Symbol der Versklavung.) – διάδοχοι ἐφοίτων lösten einander ab. – 2. ἐπιστατεῖν τινος etw. beaufsichtigen. – κατήκειν sich erstrecken. – τῇ (= ᾗ) τελευτᾷ wo ... ausläuft. – **23.** δασάμενοι von δαίεσθαι verteilen. – σχοινοτενὲς ποιησάμενοι eine schnurgerade Linie ziehen. – οἱ κατώτατα ἑστεῶτες ganz unten stehend. – τὸν χοῦν den Schutt. –

ἐπὶ βάθρων auf Stufen (die wie Treppenstufen in den Seitenwänden des Kanals angebracht waren). – ἐκδεκόμενοι (= ἐκδεχόμενοι) etwas übernehmend. – 2. ὁ κρημνός die (steile) Wand (eines Grabens). – καταρρηγνύμενοι einstürzend. – τὸ ἄνω στόμα καὶ τὸ κάτω die Breite des Kanals oben und unten. – Zu ποιευμένων erg. αὐτῶν; welcher Kasus würde in attischer Prosa hier gebraucht sein? – ἔμελλε mußte, sollte. – 3. σοφίη Geschicklichkeit. – ἐπιβάλλειν zufallen. – συνῆγον αἰεί verengten immer mehr. – κάτω τε δὴ ἐγίνετο καὶ ἐξισοῦτο: die durch τε ... καί miteinander verbundenen und zeitlich gleichgestellten Ereignisse folgen in Wirklichkeit aufeinander. Übersetze daher: als ..., da ... – τοῖσι ἄλλοισι: verkürzter Ausdruck für τοῖσι τῶν ἄλλων ἔργοισι. – 4. πρητήριον Markt. – σῖτος ἀληλεσμένος (v. ἀλέω) Mehl. – **24.** ὡς ἐμὲ συμβαλλόμενον (überlegend) εὑρίσκειν absolut. Inf. – παρεόν: konzess. Part. – τῇ θαλάσσῃ für das Meer. – ἐλαστρεῖν rudern. Der Kanalbau beweist die Absicht des Xerxes, Griechenland endgültig zu unterwerfen. Spuren des Kanals sind durch moderne Bodenforschungen entdeckt worden. – **25.** καταβάλλειν aufspeichern. – λιμήνειε von λιμαίνειν Hunger leiden. – 2. ἀναπυθόμενος τοὺς χώρους die Örtlichkeiten aussuchen lassen. – ἐπιτηδεότατον die geeignetste Stelle. – πορθμήια Fähren, auf denen das Getreide über den Hellespont geschafft wurde. – Zu τὸν πλεῖστον erg. σῖτον.

c) Der Aufbruch des Perserheeres

26. προκείμενος aufgetragen. – ἐνθαῦτα: in Kritalla; vgl. Verz. d. Eigenn. u. d. W. – **32.** προλέγειν vorher bekanntgeben, anordnen. – πλήν jedoch. – οὔτε ἐς Ἀθήνας οὔτε ἐς Λ.: vgl. VII 133. Vielleicht schickte Xerxes an diese beiden Städte, die eigentlichen Träger des Widerstandes, keine Boten, weil er sie zu isolieren hoffte, wenn die anderen Städte seiner Forderung nachkämen. – ἀπέπεμπε ἐπὶ γῆν τε καὶ ὕδωρ um ... zu holen. – **33.** οἱ δέ: die mit dem Bau der Brücke beauftragten

Phoiniker und Ägypter. – **34.** ἐς τὴν ἀπαντίον sc. ἤπειρον. – **35.** δεινὰ ποιεύμενος: vgl. zu VII 1. – τὸν Ἑλλήσποντον ἐπικέσθαι μάστιγι (mit der Geißel darüber herkommen) πληγάς: der doppelte Akk. nach Analogie von παίειν τινὰ πολλὰς πληγάς. – κατεῖναι = att. καθεῖναι. – ἐς τὸ πέλαγος ins offene Meer (unterhalb des Bosporus). – πεδέων ζεῦγος ein Paar Fußfesseln. Er wollte andeuten, daß das Meer wie ein Sklave in Fesseln gelegt werden solle. – στιγέας στίξοντας: Brandmarker (στιγεύς) brannten (στίζειν) mit glühendem Eisen Male (στίγματα) auf die Stirn eines Sklaven, der geflohen war oder sonstwie sich vergangen hatte. – 2. ῥαπίζειν mit Ruten schlagen. – βάρβαρά τε καὶ ἀτάσθαλα (frevelhaft): so urteilt Herodot über Xerxes' Tun. – θύει: nach I 131 opferten die Perser dem Wasser als einem lebenfördernden Element und stellten es als weibliche Gottheit mit dem Namen Ardvîçûra dar; um so größer die Hybris und der Frevel des Königs. – θολερός schmutzig. – ἁλμυρός salzig. – ποταμός nennt er den Hellespont wegen seiner starken Strömung. – 3. ἡ ζεῦξις die Überbrückung. – **36.** τιμή Amt. – τὰς δέ sc. γεφύρας. – **37.** τὰ τῶν γεφυρέων die Arbeit an den Brücken. – ὁ χυτός der Damm. – τὰ στόματα τῆς διώρυχος die beiden Mündungen des Kanals. – ἡ ῥηχίη die Brandung. – ἐμπίμπληται: mit Sand = versanden. – τὸ ὄρυγμα der Graben.

Mit VII 33–35 vgl. Aischylos, Πέρσαι 745ff.:

ὅστις Ἑλλήσποντον ἱρὸν δοῦλον ὣς[1] δεσμώμασιν[2]
ἤλπισε σχήσειν[3] ῥέοντα, Βόσπορον ῥόον θεοῦ.
καὶ πόρον μετερρύθμιζε[4] καὶ πέδαις σφυρηλάτοις[5]
περιβαλὼν πολλὴν κέλευθον ἤνυσεν πολλῷ στρατῷ,
θεῶν δὲ θνητὸς ὢν ἁπάντων ᾤετ', οὐκ εὐβουλίᾳ[6],
καὶ Ποσειδῶνος κρατήσειν.

[1] = ὡς δοῦλον.
[2] τὸ δέσμωμα die Fessel.
[3] ἔχειν hier = aufhalten.
[4] μεταρρυθμίζειν in eine andere Ordnung bringen, umwandeln.
[5] σφυρήλατος geschmiedet.
[6] ἡ εὐβουλία die Klugheit.

1. Was versteht Hdt., was Aischylos unter dem „ζεῦγος πεδέων“?

2. Wie beurteilen beide die Handlungsweise des Großkönigs? (Vgl. Textb. S. 17f.)

d) Der Übergang über den Hellespont und Zählung des Heeres

44. καὶ . . . γάρ und da. – ἐπὶ κολωνοῦ: wohl „auf dem Hügel“ Maltepe des Vorgebirges Nagara. – ἐπίτηδες zu diesem Zweck. – προεξέδρη ein erhöhter Sitz. – λίθου λευκοῦ (gen. materiae) was ist gemeint? – ἡ ἠιών die Küste. – ἱμέρθη von ἱμείρομαι sich sehnen, wünschen. Was für ein Aorist? – ἡ ἅμιλλα Wettkampf, Regatta. – **45.** ὥρα = ἑώρα. – ἀκτή Küste. – **46.** μαθών bemerkend. – τὸ πρῶτον zuerst. – οὐ συμβουλεύειν abraten. – φρασθείς bemerkend. – κεχωρισμένα von χωρίζειν trennen: verschiedenes. – 2. ἐσῆλθε γάρ με freilich, überkam es mich doch. – κατοικτίρειν bemitleiden, Wehmut empfinden. – εἰ . . . γε leitet hier einen Kausalsatz ein. – ἐς ἑκατοστὸν ἔτος nach hundert Jahren. – παρὰ τὴν ζοήν im Laufe unseres Lebens. – 3. οὐδεὶς οὕτως εὐδαίμων πέφυκε ἄνθρωπος ἐών: trotz dieser Kürze des Lebens kann es doch niemand, gemäß seiner menschlichen Natur, zu solchem Glück bringen. – τῷ οὐ παραστήσεται: konsekutiver Relativsatz: es kommt mir bei, es überkommt mich (der Wunsch). – ποιεῦσι τὸν βίον δοκέειν εἶναι μακρόν, ποιεῖν mit a. c. i. – 4. γλυκὺν γεύσας τὸν αἰῶνα nachdem er die Süße des Lebens hat kosten lassen. – εὑρίσκεται mit n. c. p. – ἐν αὐτῷ in diesem Punkte. Ähnliche lebensverneinende Gedanken finden sich häufig in der griechischen Literatur. So heißt es bei Theognis 425ff.:

πάντων μὲν μὴ φῦναι ἐπιχθονίοισι ἄριστον[1]
  μηδ' ἐσιδεῖν αὐγὰς ὀξέος[2] ἠελίου,

[1] Zu πάντων ἄριστον erg. ἐστίν.

[2] ὀξύς scharf = brennend.

φύντα δ' ὅπως[3] ὤκιστα πυλὰς 'Αΐδαο περῆσαι[4]
καὶ κεῖσθαι πολλὴν γῆν ἐπιεσσάμενον[5],

und der Komiker Menander sagt:

ὃν οἱ θεοὶ φιλοῦσι, ἀποθνήσκει νέος.

Elegische Aussprüche dieser Art sind vielfach so gedeutet worden, daß der Pessimismus, besonders infolge des Schicksalsglaubens, ein Grundzug griechischen Denkens gewesen sei. Schon Hesiodos betont, daß das Leben voller Mühe und Arbeit und kein Gott gewillt oder in der Lage sei, das dem einzelnen bestimmte Schicksal abzuwenden. Aber in mutiger Lebensbejahung empfiehlt er das „ἐργάζευ!“, da die Arbeit allein dem Leben Inhalt gebe. Und die bedrohte Generation der Perserkriege hat sich durch den Gedanken der Gebundenheit an das Schicksal nicht von ihrem Wege abdrängen lassen. Sie dachte, wie Sokrates es bei Plato (Gorg 512e) ausdrückt: „Der wahre Mann darf nicht am Leben hängen; er muß seine Sache Gott anheimstellen und nur das sich fragen, wie er die Zeit, die ihm zum Leben bestimmt ist, am ehrenvollsten und tatkräftigsten verbringen kann.“

54. τὸν ἥλιον ἀνίσχοντα: der Aufgang der göttlichen Sonne (vgl. zu I 131) sollte das große Unternehmen weihevoll einleiten. – θυμιήματα Räucherwerk. – καταγίζοντες von καθαγίζειν (ἅγιος) als Opfer verbrennen. – μυρσίνη = μυρρίνη der Myrtenzweig. – στόρνυμι = στρώννυμι bestreue. – 2. σπένδειν ἐκ χρυσέης φιάλης aus goldener Schale spenden: nicht mit Wein, sondern wohl mit dem Haomatrank, der, gewonnen aus einer Pflanze der Gattung Ephedra, auch beim persischen Kulte verwendet wurde. – εὔχετο πρὸς τὸν ἥλιον: er richtete sein Gebet an den Sonnengott Mithras. – συντυχίη Ereignis. – ὁ ἀκινάκης (ein persisches Wort) kurzer, krummer Säbel. – 3. ἔχειν c. inf. können. – ἀτρεκέως genau. – **55.** τὴν πρὸς τοῦ Πόντου, τὴν πρὸς

[3] ὅπως (= ὡς) ὤκιστα möglichst schnell.
[4] περᾶν durchschreiten.
[5] von ἐπι-έννυμι (ion.) = ἐφέννυμι; ἐπιέννυσθαι γῆν sich in Erde hüllen, mit Erde bedeckt werden.

τὸ Αἰγαῖον; in beiden Fällen drückt πρὸς die Richtung „nach etwas hin“ aus. – 2. οἱ μύριοι: die sog. „Unsterblichen“. – Hinter οὗτοι erg. διέβαινον. – οἱ ἱππόται = οἱ ἱππεῖς. – οἱ τὰς λόγχας κάτω τρέποντες: die vor dem Großkönig marschierende Garde; diese trug die Speere gesenkt. – 3. οἱ ἵπποι οἱ ἱροί: zehn dem Mithras geweihte Pferde von edelster Zucht aus den königlichen Gestüten von Niçâya (ἵπποι Νισαῖοι). – τὸ ἅρμα τὸ ἱρόν: der Ahuramazda geweihte Wagen wurde von acht Schimmeln gezogen. Kein Mensch durfte diesen Wagen besteigen; auch der Fuhrmann ging, die Zügel in der Hand, zu Fuß hinter den Pferden. – ἐπὶ δέ dann; auch Xerxes fuhr auf einem mit ἵπποι Νισαῖοι bespannten Wagen. – οἱ αἰχμοφόροι Lanzenträger. – οἱ ἱππόται οἱ χίλιοι: aus dem gesamten Perservolke auserlesene Reiter. – ἐς τὴν ἀπεναντίον sc. ἀκτήν an das jenseitige Ufer. – **56.** ἐθηεῖτο = ἐθεᾶτο. – ἡ εὐφρόνη die Nacht (euphemistisch). – ἐλινύειν rasten, aufhören. – 2. ἀνδρὶ εἰδόμενος Πέρσῃ einem P. ähnlich sein, die Gestalt eines P. annehmen. – οὔνομα θέμενος sich den Namen gebend. – ἀνάστατον ποιῆσαι verwüsten, unterwerfen.

58. ὁ ναυτικός (sc. στρατός) die Flotte. – ἔξω τὸν Ἑλλήσποντον πλέων, ἔξω πλέων = ἐκπλέων c. acc., wie Hdt. an anderer Stelle ἐξελθεῖν τὸ ἄστυ sagt. In beiden Fällen scheint ἐκλείπειν vorzuschweben. – κομίζεσθαι fahren. – τὰ ἔμπαλιν πρήσσων τοῦ πεζοῦ indem es in entgegengesetzter Richtung fuhr, wie ...; wie ist der gen. τοῦ πεζοῦ zu erklären? Denke an die dem gen. comparationis zugrunde liegende sprachliche Auffassung. – 2. ἄπιξιν (= ἄφιξιν) ποιεῖσθαι = ἀφικνεῖσθαι. – 3. κάμπτειν τι um etwas herumbiegen. – ἀντίσχειν ausreichen; was für ein Akk. ist τὸ ῥέεθρον (das Wasser)? – **59.** αἰγιαλός Küste(nstrich). – 2. προσεχής τινι angrenzend an etwas.

60. ὁ ἀριθμός hier: die Zählung. – ἕκαστοι die einzelnen Völker. – τὸ ἀτρεκές genau. – ἑβδομήκοντα καὶ ἑκατὸν μυριάδες: Ktesias spricht von 800 000 Mann, andere von 700 000. – 2. συννάσσειν dicht aneinander drängen. – εἶχον sie konnten. – ἀπέντες von ἀφιέναι wegtreten lassen. – ἡ αἱμασιή der Zaun. –

κατὰ τὸν κύκλον der Kreislinie folgend. – ἀνήκειν εἴς τι bis an etwas reichen. – Als was sollten dem Griechen bei seinem starken Empfinden für den Wert der einzelnen Person bei der Lektüre dieser Stelle die Perser erscheinen? – κέρκουροι leichte Schiffe. – Die Zahlen sind sicher zu hoch angegeben. Aber welchen Eindruck das gewaltige Heer machte, zeigt Kap. 56, 2. „Auf mehr als höchstens 100 000 Mann wird man die Landarmee keinesfalls schätzen dürfen, dazu einen sehr großen Troß, der die Zahl der Kombattanten überstiegen haben wird.“ (Ed. Meyer, Gesch. d. A., Darmstadt 1965, IV 1, S. 353.)

e) Xerxes und Demaratos

101. ταύτας sc. τὰς νέας. – μετεπέμψατο: Subj. Ξέρξης. – νῦν μοι ἡδύ ἐστι ich habe jetzt Lust, ich möchte jetzt gern. – τὰ θέλω was mir am Herzen liegt. – εἷς = εἶ. – 2. ὑπομενέουσι sc. ἐμέ ob sie mir standhalten werden. – ἀξιόμαχοι im Kampf gewachsen, stark genug. – μὴ ἐόντες ἄρθμιοι = εἰ μὴ εἴησαν ἄρθμιοι (einig). – 3. τὸ ἀπὸ σεῦ deine Meinung. – ὑπολαβών (erg. λόγον) entgegnen. – Zu ἡδονῇ erg. χρήσωμαι = πρὸς ἡδονὴν εἴπω (zu Gefallen reden). – οὐδὲν ἀηδέστερον keineswegs weniger lieb. – **102.** Zu διαχρήσασθαι erg. ἐμέ; ταῦτα = τοιαῦτα; der nachfolgende Relativsatz τὰ μὴ ψευδόμενος usw. ist konsekutiv; μή gehört zu ἁλώσεται; vor τῇ Ἑλλάδι schalte ein: „so wisse“. – ἀεί κοτε immerdar. – σύντροφός τινι verwachsen mit jdm. – ἔπακτος herbeigeführt, anerzogen. – ἀπὸ σοφίης κατεργασμένη (Passiv) durch Klugheit erworben. – ἡ δεσποσύνη (ein nur hier gebrauchtes Wort) die Knechtschaft. – 2. ἔρχομαι λέξων: vgl. zu I 5, 3. – οὐκ ἔστι ὅκως κοτέ nun und nimmermehr. – λόγους δέχεσθαι Vorschläge annehmen. – τὰ σὰ φρονέωσι (wörtl.?) auf deine Seite treten. – 3. ἀριθμοῦ πέρι was die Anzahl angeht. – **103.** οἷον ἐφθέγξαο ἔπος: vgl. Hom. Od. α 64: ποῖόν σε ἔπος φύγεν ἕρκος ὀδόντων. – τὸ πολιτικὸν ὑμῖν πᾶν eure ganze Bürgerschaft. – διαιρεῖν hier: beschreiben. – πρὸς τὸ διπλήσιον gegen die doppelte Anzahl. –

κατὰ νόμους τοὺς ὑμετέρους: Hinweis auf die spartanische Sitte, daß der König bei den öffentlichen Mahlzeiten doppelte Portionen erhielt. – 2. ἀντάξιος gleich(wertig). – δίζησθαι verlangen. – ὀρθοῖτ' ἄν = ὀρθὸς ἂν εἴη. – μεγάθεα = att. μεγέθη, Plur., weil von mehreren die Rede ist. – μάτην (adv.) κόμπος eitel Prahlerei. – 3. ἐπεὶ φέρε ἴδω denn laß mich sehen; coni. adhort. in der 1. Pers. sg. ist selten. – παντὶ τῷ οἰκότι (ἐοικότι) mit aller Wahrscheinlichkeit. – 4. κατὰ τρόπον τὸν ἡμέτερον nach unserer Art. – ἀνειμένοι ἐς τὸ ἐλεύθερον wenn es ihrem freien Willen überlassen bleibt. – ἀνισωθέντας (ἀνισοῦν gleichmachen) πλήθει gleich an Zahl. – **104.** ἀρχῆθεν von vornherein. – τὰ κατήκοντα Σπαρτιήτῃσι wie es mit den Sp. steht. – 2. ὡς ... τὰ νῦν τάδε ἐστεργὼς ἐκείνους wie ich jene in dieser Lage liebe. Ironie! – γέρεα Ehrenrechte. – βίος Lebensunterhalt. – διωθέεσθαι verschmähen. – 3. ὑπίσχομαι ion. = ὑπισχνέομαι. – 4. ἁλέες zusammen. – ἔπεστί σφι über ihnen steht. – 5. οὐδὲν πλῆθος = Obj. – ἀλλά sc. κελεύων (aus οὐκ ἐῶν). – φλυηρέειν töricht daherreden. – **105.** ἐς γέλωτα ἔτρεψε (sc. ταῦτα) er lachte über diese Worte. – ἀπεπέμψατο er schickte von sich, er entließ.

Den tieferen Sinn der Worte des spartanischen Emigranten, daß das Sittliche schließlich das Übergewicht über die nur zahlenmäßige Überlegenheit gewinnt, vermag Xerxes in seiner Hybris nicht zu erfassen. Und noch ein anderer Unterschied wird deutlich: das leidenschaftliche Verlangen des Griechen, in allem frei zu sein. Noch in einer anderen Erzählung (VII 135. 136) hat Hdt. diese tiefe Kluft zwischen den beiden Welten deutlich gemacht: Zwei Spartaner, als Gesandte zu Xerxes geschickt, kehren unterwegs bei Hydarnes ein, dem „Kriegsobersten alles Volkes an Asiens Küste". „Ihr Männer von Lakedaimon", sagt dieser, „warum sträubt ihr euch denn so, Freunde des Großkönigs zu werden? Ihr seht doch, wie er wackere Männer zu ehren weiß." Darauf jene: „Hydarnes, dein Rat paßt nicht auf uns; nur das eine ja hast du erprobt, das andere aber nicht. Denn du verstehst dich auf die Knechtschaft, aber die Freiheit hast du nie gekostet, ob sie süß ist oder nicht. Denn hättest du sie gekostet, du würdest uns raten, nicht nur mit der Lanze, sondern auch mit dem Beil für sie zu kämpfen." Die Polis, die auf dem Freiheitsgedanken aufgebaute griechische Staatsschöpfung, ermöglichte es dem Bürger, diesem Lebensideal auf allen Gebieten zuzustreben. Der Bürger übernahm dafür die Verpflichtung – das war sein νόμος –, sich ganz für die Gesamtheit einzusetzen. Als bei Salamis die Grundlagen eines künftigen Europas erkämpft wurden, erkämpfte sich auch dieses Staatsideal die Möglichkeit, dereinst Grundlage der abendländischen Welt zu werden.

f) Aufenthalt im Gebiet von Therme

131. Πιερίη: Landschaft an der Bucht von Therme. – ἡμέρας συχνάς längere Zeit. – ὄρος κείρειν die Bäume eines Gebirges abhauen. – ἡ τριτημορίς der dritte Teil. – κεινοί (= κενοί) mit leeren Händen. – **132.** Θεσσαλοί usw.: vgl. die Karte! – 2. ἐπί c. dat. gegen. – ὅρκιον τάμνειν unter Eid einen Vertrag schließen. – καταστάντων σφι εὖ τῶν πρηγμάτων in einer für sie günstigen Lage. – δεκατεύειν den Zehnten entrichten. – **133.** τὸ βάραθρον die Schlucht. – τὸ φρέαρ der Brunnen. – 2. συνήνεικε = συνέβη. – ἀνεθέλητος unwillkommen.

g) Athen, die Vorkämpferin Griechenlands

138. ἡ στρατηλασίη οὔνομα εἶχε, ὡς der Feldzug ging angeblich. – πρὸ πολλοῦ lange vorher. – ἐν ὁμοίῳ ποιεῖσθαί τι etwas in gleicher Weise aufnehmen. – 2. θάρσος εἶχον waren zuversichtlich. – ἀξιομάχων ἀριθμόν der Zahl nach gewachsen. – τὸν ἐπιόντα den Angreifer. – τῶν πολλῶν: die Masse des Volkes. –

ἀντάπτεσθαι τοῦ πολέμου am Kriege teilnehmen. – **139.** ἐξέργειν (= ἐξείργειν) hindern (anders zu handeln), zwingen. – γνώμην ἀποδείκνυσθαι eine Meinung vortragen, äußern. – ἐπίφθονος πρός τινος bei jdm. auf Ablehnung stoßen; nl. bei Sparta und seinen Anhängern, auch bei unzufriedenen Bundesgenossen Athens. – ἐπέχειν an sich halten; hier: verschweigen. – 2. τὴν σφετέρην sc. πόλιν. – ἐπειρῶντο ἀντιεύμενοι (ἀντιοῦσθαι entgegentreten), πειρᾶσθαι verbindet Hdt. oft mit dem Partizip. – 3. τειχέων κιθῶνες (att. χιτῶνες): wie der Rock vor Kälte, so schützt die Mauer vor dem Feinde; übers. also: schützende Mauern. – Πελοποννησίοισι dat. auctoris = ὑπὸ Πελοποννησίων. – κατὰ πόλις (acc. pl.) Stadt für Stadt. – μουνοῦν verlassen. – καὶ ἀποδεξάμενοι = καίπερ ἀποδειξάμενοι. – 4. πρὸ τοῦ vorher. – ὁμολογίῃ ἐχρήσαντο sie schlossen einen Vergleich. – ἐπ' ἀμφότερα nach beiden Seiten hin betrachtet, in beiden Fällen. – πυθέσθαι erkennen. – 5. ὁκότερα τῶν πρηγμάτων welche von beiden Seiten (Parteien). – ταῦτα ῥέψειν ἔμελλε (ῥέπειν von der Waagschale: sich herabsenken) diese (Seite) sollte das Übergewicht gewinnen. – ἑλόμενοι (erg. μᾶλλον) vorziehend. – ἐπεγείραντες ermutigend. – ἀνωσάμενοι von ἀνωθεῖσθαι: aus dem Lande drängen. – 6. ἐς δεῖμα βάλλειν in Angst versetzen. – Die Athener hatten zweimal das Orakel in Delphi befragt; die Orakeldeuter legten die Antworten ungünstig für Athen aus. Themistokles aber erklärte, mit der vom Orakel genannten „hölzernen Mauer“ seien die Schiffe gemeint, die ihnen Rettung bringen würden.

h) Verteidigungsmaßregeln der Griechen

175. τῇ = ᾗ. – ἵστασθαι τὸν πόλεμον den Kampf aufnehmen. – ἡ ἐσβολή der Paß. – τῆς (gen. compar.) ἐς Θεσσαλίην: der zwischen Ossa u. Peneios verlaufende Tempe-Paß. – μία = μόνη – τῆς ἑωυτῶν erg. χώρης. – 2. ἡ ἀτραπός der Fußpfad. – παριέναι weiterziehen lassen. – τὰ κατ' ἑκατέρους ἐόντα die Lage auf beiden Kampfplätzen. – **176.** Dem τοῦτο μέν entspricht δὲ αὖ;

übersetze es mit „erstens". – τὸ Ἀρτεμίσιον: Akk. d. Bez. – Zu συνάγεται (sich verengen) erg. als Subjekt τὸ πέλαγος. – Ordne: συνάγεται (τὸ πέλαγος) εἰς τὸν πόρον (Sund) στεινὸν ἐόντα τὸν μεταξύ usw. – δέκεσθαι ἔκ τινος sich an etwas anschließen. – αἰγιαλός Küste, dazu τῆς εὐβοίας. – ἔνι = ἔνεστι. – 2. ἡμίπλεθρον etwa 15 m. – ἐς τὴν Ἑλλάδα: das sich im Süden bis zur Spercheios-Ebene erstreckende Thessalien rechnet Hdt. nicht zu dem eigentlichen Griechenland. – διὰ Τρηχῖνος, Τρηχίς bezeichnet hier die zu der gleichnamigen Stadt gehörige Landschaft. – κατὰ τοῦτο an dieser Stelle. – τὸ στεινότατον τῆς ἄλλης χώρης: ähnlich wie beim gen. comparationis bezeichnet hier der Genetiv den Ausgangspunkt der Betrachtung: von dem übrigen Gelände her betrachtet die engste Stelle. – ἁμαξιτὸς μούνη ebenfalls nur Platz bietend für einen Wagen. – 3. ἀπόκρημνος abschüssig. – ἀνατεῖνον ἐς τὴν Οἴτην sich bis an den O. erstreckend. – ὑποδέκεσθαι aufnehmen, an etwas grenzen. – τενάγεα, τὸ τέναγος versumpftes Gelände. – θερμὰ λουτρά warme Bäder, gespeist aus ca. 50° warmen Quellen. – χύτρος Kochtopf. – βωμός: vgl. 198, 2. – ἐδέδμητο Pqpf. von δέμειν bauen. – τὸ παλαιόν vor alters. – 4. ἐκτέαται = κέκτηνται. – προφυλάττεσθαι sich vorher vor etw. hüten, eine Vorkehrung treffen. – χαραδροῦν unter Wasser setzen, unpassierbar machen. – σφι: dat. possessiv. – 5. ἔκειτο ὑπὸ χρόνου von der Zeit zerstört daliegen.

„Die hauptsächlich durch den Spercheios bewirkte Versumpfung und Verschlammung der Küste hat seit dem Altertum so sehr zugenommen, daß der Meerbusen auf eine Meile hinaus mit Sumpfboden ausgefüllt und der Fluß in ein neues Bett gedrängt worden ist. Doch ist auch jetzt nur der alte Weg an der Sohle des Gebirges passierbar. Der Dammweg geht hier dicht unter dem Berge vorbei und gestattet an dieser Stelle kaum zwei Reitern, nebeneinander zu reiten." (Stein)

177. ἔξουσι, ἔχειν c. inf. = können. – σφι ἔδοξε ist nach προσκεψάμενοι (bedenken) und ἐπιλογισθέντες (sich obendrein ausrechnen) ein Anakoluth. – δέκεσθαι erwarten. – διαλυθέντες ἐκ τοῦ Ἰσθμοῦ die Versammlung auf dem I. auflösen.

i) Die Schlacht bei den Thermopylen

198. ἄμπωτίς τε καὶ ῥηχίη Ebbe und Flut, die sonst weniger regelmäßig im Mittelmeer auftreten. – πεδιεινός (πεδίον) eben. – 2. ἰόντι ἀπὸ Ἀχαιίης: dat. relationis, für einen, der von A. kommt. – ἐκδιδοῖ (erg. τὸ ὕδωρ) sich ergießen. – Ἡρακλέϊ καιομένῳ: mehrere Begebenheiten der Herakles-Sage lokalisierte man bei Thermopylai und in der Umgegend. Daher auch der βωμὸς Ἡρακλέος in der Nähe der warmen Quellen (VII 176). Auf dem Oita im Gebiet von Trachis hatte sich Herakles einen Scheiterhaufen errichten lassen, um sich durch Selbstverbrennung von seinen rasenden Schmerzen zu befreien. – **199.** καὶ εὐρύτατον wohl die breiteste Stelle. – κατ' ἅ (sc. ὄρεα) in deren Nähe. – πολίζειν eine Stadt anlegen. – πλέθρα: hier als Flächenmaß gebraucht; 1 Pl. = 876 qm. – ἡ διασφάξ die Schlucht; davon abhängig τοῦ ὄρεος. – παρὰ τὴν ὑπωρέην parallel dem Fuße des Berges. – **200.** ἁμαξιτὸς μούνη: vgl. zu VII 176, 2; erg. ὁδός; ein noch heute benutzter befestigter Dammweg. – 2. Zu Ἀμφικτυονίδος und Ἀμφικτύων vgl. Verz. d. Eigenn. u. d. W. – **201.** ἐν τῇ διόδῳ in dem Paß, und zwar hinter der 176, 3–5 erwähnten und damals wiederaufgerichteten Mauer. – ἐχόντων, φερόντων: verschiedene Ausdrücke für „sich erstrecken", „liegen". – τὸ ἐπὶ ταύτης τῆς ἠπείρου adverbialer Ausdruck: nach dem Festland zu. – **203.** ἐπίκλητοι ἐγένοντο sie waren herbeigerufen worden. – πρόδρομοι nur als Vorläufer. – σφι: von den Lokrern und Phokern. – εἴη ἐν φυλακῇ = φυλάσσοιτο. – 2. ἐξ ἀρχῆς γινομένῳ gleich bei seiner Geburt. – ἀπὸ τῆς δόξης πεσεῖν von der Höhe seines Ruhmes stürzen. Bzgl. der Bedeutung dieser Worte für die Gesamtkomposition vgl. Textb. S. 16ff.

204. κατὰ πόλις ἑκάστων nach den Städten der einzelnen. – **205.** 2. τοὺς κατεστεῶτας die üblichen. Gemeint ist jene „stehende" Truppe ausgewählter 20–30jähriger Männer, die bei Kriegsausbruch mit den Königen als deren Leibwache zuerst auszog. – ἐς τὸν ἀριθμόν hinsichtlich ihrer Zahl. – λογίζεσθαι in Rechnung stellen, mitzählen. – 3. μεγάλως σφέων κατηγόρητο man hatte heftige Klage gegen sie erhoben, man hatte sie sehr in Verdacht. – ἀπερέουσι (Fut.) ablehnen. – ἄλλα φρονέοντες (übers. konzessiv) anders gesinnt. – **206.** ὑπερβάλλεσθαι zögern. – μετὰ δέ später aber. – Κάρνεια ... ἐμποδών (hinderlich, im Wege): ein eingeschobener Satz. – ὁρτάσαντες = ἑορτάσαντες. – 2. ἐνένωντο (= ἐνενόηντο) sie gedachten, beabsichtigten. – ἕτερα τοιαῦτα etwas dergleichen. – κατὰ τὠυτό um dieselbe Zeit. – ἡ Ὀλυμπιάς das olympische Fest. – **207.** καταρρωδέειν Angst haben. – ἔχειν ἐν φυλακῇ verteidigen. – περισπέρχεσθαί τινι über etwas aufgebracht sein. – ὀλίγων zu wenige. – **208.** ὁκόσοι εἰσὶ καὶ ὅ τι ποιέοιεν: Wechsel zwischen Ind. und Opt. Der Gedanke erhält durch den Opt. eine mehr subjektive Färbung. – ἁλισμένη εἴη sich versammelt habe. – Das proleptische τοὺς ἡγεμόνας ist als Subjekt in den ὡς-Satz zu nehmen. – 2. τοὺς γὰρ ... κατιδέσθαι: ein eingeschobener Satz; ἐθηεῖτό τε καὶ κατώρα (= καθεώρα) ... ὁ δὲ ἐμάνθανε er sah und überschaute zwar nicht ..., wohl aber bemerkte er die ... – ἔσω τοῦ τείχεος jenseits der Mauer. – οὐκ οἷά τε ἦν es war nicht möglich. – τοὺς ἔξω außerhalb (vor dem Eingang). – 3. κτενίζεσθαι sich kämmen; sie trugen langes Haar. – ἐμάνθανε er stellte fest. – κατ' ἡσυχίην in aller Ruhe, unbelästigt. – οὔτε ... τε nicht ... sondern. – πολλῆς ἀλογίης ἐκύρησε man beachtete ihn gar nicht (wörtl.?). – **209.** συμβαλέσθαι τὸ ἐόν den wahren Grund einsehen. – γάρ: vorweggenommene Begründung. – 2. πρὸς τῶν Λ. = ὑπὸ τῶν Λ. – πρότερον: vgl. VII 101-104. – εὖτε = ὅτε. – γέλωτά με ἔθευ (= ἔθου) du hast mich ausgelacht. – τῇ (= ᾗ) περ wie eben. – ὁ ἄγων hier: Bestreben. – 3. ἀπίκαται = ἀφιγμένοι εἰσί. – κινδυνεύειν τῇ ψυχῇ das Leben aufs Spiel setzen. – 4. τὸ ὑπομένον der zurückgebliebene Rest; ὑπομένειν τινά sich widersetzen. – προσφέρεσθαι vorrücken. – 5. ἐμοὶ χρᾶσθαι imper. Inf.: verfahre mit mir.

210. παρῆκε von παριέναι verstreichen lassen. – ἀναιδείῃ τε καὶ ἀβουλίῃ διαχρεώμενοι aus Frechheit und Unklugheit. – θυμωθείς: vgl. III 36. – 2. φερόμενοι im Sturmangriff. – ἐπεσήϊσαν von ἐπεσιέναι an jmds. Stelle treten. – προσπταίειν Verluste erleiden. – πολλοὶ μὲν ἄνθρωποι, ὀλίγοι δὲ ἄνδρες: Antithese. – **211.** τρηχέως περιέπεσθαι übel zugerichtet werden. – ἐκδέχεσθαι an jmds. Stelle treten. – τοὺς ἀθανάτους: sie hießen „die Unsterblichen", weil bei Ausfällen sofort Ersatzleute gewählt wurden. – ὡς εὐπετέως κατεργασόμενοι als ob sie leicht (mit dem Feinde) fertig würden. – 2. συμμίσγειν = συμμιγνύναι τινί handgemein werden. – οὐδὲν πλέον ἐφέροντο τῆς στρατιῆς, ἀλλὰ τὰ αὐτά (sie brachten nichts mehr als das Heer zurück, sondern dasselbe =) es erging ihnen nicht besser als dem Heere, sondern ebenso. – στεινόπορος eng. – πλήθεϊ χρήσασθαι die zahlenmäßige Überlegenheit ausnutzen. – 3. ἀποδείκνυσθαι (beweisen) verb. m. ἐξεπιστάμενοι μάχεσθαι (daß sie zu kämpfen verstanden). – ὅκως c. opt. iter. – ἁλέες alle auf einmal. – φεύγεσκον δῆθεν sie ergriffen zum Schein die Flucht. – βοῇ τε καὶ πατάγῳ mit Geschrei und Lärm. – καταλαμβάνεσθαι eingeholt werden; ἄν drückt das Iterative aus. – ἀντίοι εἶναι frei an ὑπέστρεφον (kehrten um) angeschlossen: um die Spitze zu bieten. – ἐδυνέατο = ἐδύναντο. – παραλαβεῖν gewinnen. – καὶ κατὰ τέλεα καὶ παντοίως in einzelnen Abteilungen und im Gesamtangriff. – **212.** ἡ πρόσοδος der Angriff. – ἀναδραμεῖν aufspringen. – Zu ὀλίγων ἐόντων erg. τῶν Ἑλλήνων. – κατατρωματίζειν (mit Wunden bedecken) niederkämpfen. – 2. ἐν μέρεϊ sich ablösend. – οὐδὲν ἀλλοιότερον εὕρισκον sie fanden es um nichts anders.

213. ὅ τι χρήσηται τῷ παρεόντι πρήγματι (wörtl.?) = wie er sich helfen sollte. – μέγα τι φέρεσθαι παρά τινος eine große Belohnung von jdm. erhalten. – φράζειν (wie bei Homer) anzeigen. – 2. φυγόντι ὑπὸ τῶν Π. von den P. verbannt. – ἀργύριον ἐπικηρύττειν τινί einen Preis auf jmds. Kopf setzen. – κατῆλθε er kehrte heim. – **215.** περιχαρὴς γενόμενος voller Freude. – ὁρμέατο = ὥρμηντο. – περὶ λύχνων ἁφάς (beim Anzünden (ἁφή) der Lampen =) zu Beginn der Nacht (vgl. κατ' ἀγορὰν πλήθουσαν). – Θεσσαλοῖσι κατηγήσαντο sie hatten die Th. (über diesen Weg) geführt. – φράσσειν sperren. – ἐν σκέπῃ τοῦ πολέμου εἶναι in Sicherheit vor dem Kriege sein;

sich gegen einen Angriff gesichert haben. – ἐκ τοσοῦδε seit der Zeit. – κατεδέδεκτο χρηστὴ ἐοῦσα (sc. ἡ ἐσβολή mit seiner Verschanzung) es hatte sich gezeigt, daß der Paß keinen Nutzen mehr bot. – Μηλιεῦσι: abh. von κατεδέδεκτο. – **216.** ἡ διασφάξ die Schlucht. – τείνει κατὰ ῥάχιν er verläuft über den Bergrücken hin. – πρὸς Μηλιέων gegen Melis zu. – **217.** ἠώς τε (ἕως) διέφαινε, καὶ οἳ ἐγένοντο i. D. hypotaktisch: als ... erschien, da. – 2. ῥυόμενοι schützend. – ἡ κάτω ἐσβολή der Paß unten am Berge. – ὑπὸ τῶν εἴρηται = ὑφ' ὧν εἴρηται. – **218.** σφέας sc. τοὺς Πέρσας. – νηνεμίη Windstille. – ὁ ψόφος Geräusch. – ἀνά τε ἔδραμον: Tmesis. – ὑποκεχυμένων (ὑποχέω) hingestreut. – 2. οὐδὲν ἀντίξοον nichts Feindliches. – ὁποδαπός aus welcher Landschaft stammend. – 3. ὁ κόρυμβος (poet.) Gipfel. – ἐπίστασθαι hier: meinen, glauben. – ἀρχήν von vornherein. – οὐδένα λόγον ἐποιεῦντο Φωκέων sie schenkten den Ph. gar keine Beachtung. – οἱ δὲ κατέβαινον sondern sie stiegen herab.

219. ἐσιδὼν ἐς τὰ ἱρά die Eingeweideschau vornehmen. – ἐπὶ δέ außerdem. – ἅμ' ἠοῖ am nächsten Morgen. – ἡ περίοδος der Umzingelungsmarsch. – ἡμεροσκόπος Späher. – 2. ἔων = εἴων. – τὴν τάξιν ἐκλιπεῖν die Stellung aufgeben. – ἀντέτεινον widersetzten sich. – διακριθέντες auseinandergehend. – **220.** οὐκ ἔχει εὐπρεπέως = οὐ πρέπει. Die Infinitivkonstruktion ist abhängig von einem aus κηδόμενος (aus Sorge) zu entnehmenden ἐνόμιζεν. – 2. πλεῖστός εἰμι τὴν γνώμην (Akk. d. Bez.) ich bin entschieden der Meinung. – ἐόντας ἀπροθύμους da sie ungern dabei waren. – ἐξαλείφειν (etwas Geschriebenes auswischen), vernichten. – 3. ἐκέχρηστο von χράω ich gebe ein Orakel, weissage; χρεωμένοισι von χράομαι ich lasse mir ein Orakel geben, befrage das Orakel. – ἀνάστατον γενέσθαι zerstört werden. Statt γενέσθαι und ἀπολέσθαι erwartet man das Futurum. Der Aorist drückt aus, daß in einem Orakelspruch der Wille des Schicksals angegeben wird. – 4. ἄστυ ἐρικυδές (ruhmvoll) ist mit Synizesis zu lesen. – γενέθλη Geschlecht. – ὁ οὖρος = att. ὅρος Gebiet. – φθίμενος: Aor. zu φθίειν vernichten, töten. – τόν: gemeint ist der Perserkönig. – σχήσει wird hemmen, aufhalten. – οὐ ταύρων μένος οὐδὲ λεόντων (Anspielung auf Λεωνίδης?): Hinweis auf die (VII 125/6 erzählte) Tatsache, daß es damals in Makedonien Auerochsen und Löwen gab und Kamele des persischen Heeres auf dem Zuge durch dieses Land von Löwen angefallen wurden. Löwen wurden in mykenischer Zeit gejagt, wie Darstellungen zeigen. – Ζηνὸς ἔχει μένος: in VII 56 setzt auch ein Hellespontier Zeus und den Großkönig gleich. – ἕ = αὐτόν. – σχήσεσθαι passivisch. – δια-δάσηται von διαδαίεσθαι = (wie ein Raubtier) zerreißen. – τῶνδε ἕτερον: die Stadt oder den König. – ἐπιλέγεσθαι erwägen. – κλέος καταθέσθαι Ruhm erwerben. – **221.** τὰ ἀνέκαθεν ursprünglich. – ἀπέλιπε sc. Λεωνίδην. – **222.** ἐν ὁμήρων λόγῳ ποιεῖσθαι als Geiseln betrachten. – κατέχειν festhalten. – μάλιστα ἑκόντες aus ganz freiem Entschluß.

223. ἐπέχειν χρόνον eine Zeitlang warten. – ἀγορῆς πληθώρη die Zeit, wo sich der Markt mit Menschen füllt (vgl. zu VII 215); es sind dies die letzten Vormittagsstunden. – πρόσοδον ἐποιέετο rückte heran. – συντομώτερος schneller zu bewerkstelligen. – 2. τὴν ἐπὶ θανάτῳ ἔξοδον ποιεύμενοι den zu ihrem Tode führenden letzten Kampf beginnend. – ὁ αὐχήν hier: der Engpaß. – ἐφυλάσσετο: näml. von den Wachtposten. – οἱ δὲ ἀνὰ τὰς προτέρας ἡμέρας ὑπεξιόντες ... ἐμάχοντο die aber (näml. die andern Truppen), die an den früheren Tagen zu der engen Stelle ausgerückt waren, kämpften dort, sich immer wieder zurückziehend. – 3. τὸ τέλος die Abteilung. – ῥαπίζειν mit der Peitsche schlagen. – κατεπατέοντο wurden niedergetrampelt. – λόγος οὐδεὶς ἦν man kümmerte sich um keinen. – 4. παραχρῆσθαι (falsch gebrauchen) als Nebensache behandeln; hier (erg. τῷ βίῳ) mit Lebensverachtung kämpfen. – ἀτέων (vgl. ἄτη) der besinnungslos ins Verderben stürzt, in blinder Wut. – **224.** τηνικαῦτα zu dieser Zeit. – κατεηγότα: Part. Perf. II von κατάγνυμι ich zerbreche. – διεργάζεσθαι fertigmachen, niedermachen. – ἄριστος ἀνὴρ γενόμενος als tapferer Mann. – 2. ἐκδιδόναι zur Frau geben. – ὁ οἶκος das Vermögen. – **225.** ὑπὲρ τοῦ νεκροῦ τοῦ Λεωνίδεω: um die Leiche des Leonidas erhebt sich ein erbitterter Kampf (ὠθισμὸς πολλός) wie in homerischer Zeit. –

τοῦτο συνεστήκεε so war die Lage. – 2. ἑτεροιοῦτο änderte sich. – τὸ νεῖκος der Kampf. Ephialtes hatte die Perser vor die „östliche Enge“ (vgl. Karte) geführt. Zwischen dieser und den warmen Quellen befindet sich ein Hügel, den man für den hier erwähnten κολωνός hält. – παραμειψάμενοι τὸ τεῖχος an der M. vorbei(gehend). – ἁλέες dichtgedrängt, nicht mehr κατὰ τάξεις. – ἐπὶ Λεωνίδῃ zu Ehren des Leonidas. – 3. κατέχωσαν βάλλοντες überschütteten mit einem Hagel von Geschossen. – συγχώσαντες niederreißend. – ἐξ ἐναντίης ἐφέπεσθαι von vorn eindringen. – περισταδόν herumstehend; beachte die π-Alliteration der drei Wörter. – Im Jahre 440 wurden die Gebeine des Leonidas nach Sparta gebracht und dort bestattet. Auf seiner Grabstele standen die Namen der Dreihundert. Dort wird Hdt. sie gelesen haben.

226. ἀπιέωσι = att. ἀφιῶσι. – ὑπὸ πλήθεος infolge der Menge. – 2. ἐν ἀλογίῃ ποιεύμενον: vgl. zu VII 218, 3. – πάντα ἀγαθά lauter Gutes. – ὑπὸ σκιῇ im Schatten. – τοιουτότροπος derartig. – **227.** εὐδοκιμεῖν sich auszeichnen. – **228.** θαφθεῖσι = att. ταφθεῖσι. – αὐτοῦ ταύτῃ, τῇ an derselben Stelle, wo. – τέτορες = τέτταρες. – 2. ἰδίῃ besonders. – ἀγγέλλειν: imperativischer Infinitiv. – ῥήμασι den Befehlen — 3. κλεινοῖο (berühmt) Μεγιστία (= dorischer Gen.). – ποταμὸν ἀμειψάμενοι den Fluß überschreitend. – σάφα (adv. zu σαφής) deutlich, genau. – οὐκ ἔτλη er gewann es nicht über sich. – 4. ἡ στήλη die Säule. – ἔξω ἤ außer. – ἐπικοσμήσαντες ehrend. – κατὰ ξεινίην aus Freundschaft. – **233.** τέως μέν eine Zeitlang. – ὑπ' ἀναγκαίης ἐχόμενοι = ἀναγκαζόμενοι. – κατυπέρτερον γίγνεσθαι die Oberhand gewinnen. – οὕτω δή leitet den Hauptsatz ein: da. – ἀποσχίζεσθαι sich absondern, trennen von jdm. – χεῖρας προέτεινον: als Zeichen der Kapitulation. – ἄσσον ἰέναι τινός sich jdm. nähern. – τοῦ τρώματος Niederlage. – 2. ἔστιξαν στίγματα: vgl. zu VII 35. – χρόνῳ μετέπειτα später; i. J. 431, als 300 Thebaner Pl. überfielen. – σχόντα übers.: er hatte besetzt. – Bezüglich der Thebaner benützt Hdt. eine thebanerfeindliche Legende. Vorgänge des Jahres 431, wie sie in VII 233 angerührt werden, mögen mit dazu beigetragen haben. In Wirklichkeit verdient es Anerkennung, daß die Thebaner, deren Heimat nach einer Niederlage in den Thermopylen dem vorrückenden Gegner zuerst preisgegeben war, so lange bei Leonidas ausgehalten haben. – **234.** εἷς = εἶ. – τεκμαίρεσθαι τῇ ἀληθείῃ aus den Tatsachen schließen. – τὰ πολέμια: Akk. der Bez. – 2. πόλιες πολλαί: einschl. Messene und Kynuria zählte man 100 Städte. – ὀκτακισχιλίων μάλιστα: „ungefähr 8000" ist die Zahl der waffenfähigen Spartiaten; οἱ ἄλλοι Λ.: die Periöken und die eigentlichen Lakedaimonier. – **238.** Λεωνίδεω zu τὴν κεφαλήν. – ἀνασταυροῦν auf einen Pfahl stecken. – 2. ἐν δὲ καὶ τῷδε darunter auch dadurch. – παρενόμησε tat etwas dem Brauche zuwider. – νομίζουσι pflegen. – Die Schändung der Leiche des Leonidas kann Hdt. nur begreifen als eine der üblichen Zornesaufwallungen (ἐθυμώθη!) des Königs. – Schon zu Herodots Zeit war es eine Frage, warum Leonidas auf seinem verlorenen Posten ausharrte. Hätte er nicht sich und die Leute retten sollen? Leonidas kann diese Frage nur als Spartaner beantworten; vgl. Kap. 220 und 221.

Buch VIII

j) Kämpfe bei Artemision

1. ὑπὸ ἀρετῆς aus Tapferkeit. – συνεπλήρουν sie halfen bemannen, und zwar mit ναῦται (nautischem Personal) und ἐπιβάται (Matrosen für den Kampf); als Ruderknechte (ἐρέται) wurden Sklaven verwandt; unter νέες sind im allgemeinen Trieren (Kriegsschiffe mit drei Ruderreihen übereinander) zu verstehen; πλοῖα sind Transportschiffe; ein älterer Schiffstyp sind die πεντηκόντεροι, so benannt nach der Zahl der auf beiden Seiten befindlichen Ruder. – **2.** 2. οὐκ ἔφασαν ἕψεσθαι: das οὐ ist zum Inf. zu ziehen. – τὸ μέλλον ἔσεσθαι στράτευμα die in der Sammlung begriffene Flotte. Die Bundesgenossen waren größtenteils Peloponnesier und als Dorer gewohnt, von Spartanern geführt zu werden. – **3.** κατ' ἀρχάς am Anfang. – ἐπὶ συμμαχίην mit der Bitte um Beistand. – ἀντιβαίνειν sich widersetzen. – μέγα ποιεῖσθαι für wichtig halten. – ὀρθὰ νοεῦντες etwa: das war ein richtiger Gedanke. So urteilt Hdt. – στάσις ἔμφυλος Aufruhr im Lande. – πόλεμος ὁμοφρονέων ein einmütig geführter Krieg. Zum Gedanken vgl. Textb. S. 16. – 2. ἐπίστασθαι glauben. – μέχρι ὅσου solange als. – κάρτα ἐδέοντο αὐτῶν (sc. συμμάχων) sie sehr nötig brauchten. – ὡς διέδεξαν (att. διέδειξαν) wie sie bewiesen. – περὶ τῆς ἐκείνου erg. γῆς. – πρόφασιν προισχόμενοι als Grund vorschützend. – ὕστερον ἐγένετο: näml. i. J. 477, als es zur Gründung des delisch-attischen Seebundes kam. –

15. δεινόν τι ποιησάμενοι ergrimmt sein. – λυμαίνεσθαί τινι jmd. übel zurichten. – τὸ ἀπὸ Ξέρξεω die Ungnade des Xerxes. – συνέπιπτε ὥστε (mit a. c. i.) es geschah (zur gleichen Zeit), daß. – 2. Vor τὴν ἐσβολὴν φυλάσσειν erg. ὁ ἀγὼν ἦν.

– παρακελεύεσθαι sich gegenseitig ermuntern; hier wie die Verben des Sorgens mit ὅπως und dem Indik. Fut. verbunden. – **16.** ταξάμενοι in Schlachtordnung. – ἀτρέμας (adv.) ruhig. – μηνοειδὲς ποιήσαντες τῶν νεῶν die Schiffe halbmondförmig aufstellen. – 2. αὐτὸς ὑπ' ἑωυτοῦ ἔπιπτε fügte sich selber Schaden zu. – ἀντέχειν standhalten. – δεινὸν χρῆμα ἐποιεῦντο es kam ihnen jämmerlich vor. – **17.** αὐτοῖσι ἀνδράσι mit der Besatzung. – δαπάνην οἰκηίην παρεχόμενος auf eigene Kosten. Gewöhnlich stellte der Staat den Rumpf und den Mast des Schiffes. Er bezahlte auch den Sold und die Verpflegung der Besatzung. Der Trierarch mußte Segel, Taue, Ruder und sonstiges Zubehör beschaffen. Eine solche Leistung für den Staat nannte man λειτουργία.

Die Kämpfe bei Artemision und bei Thermopylai fanden an den gleichen Tagen des Jahres 480 v. Chr. statt. „Themistokles hatte von Anfang an die Überzeugung gehabt, daß die Entscheidung auf der See liege; ein griechischer Landsieg konnte auf die Dauer wenig nützen; aber umgekehrt war das persische Landheer lahmgelegt, wenn die Flotte geschlagen war. Daraus ergab sich für den Feldzug als Grundgedanke, daß das griechische Landheer lediglich die Flotte zu decken und ihr die Möglichkeit zu verschaffen habe, eine Schlacht unter günstigen Bedingungen zu schlagen, daß es selbst aber eine Schlacht möglichst vermeiden müsse; ein Gedanke von so zwingender Einfachheit und Klarheit, wie ihn nur der Genius zu fassen und durchzuführen vermag. Die Spartaner nahmen den Plan an, so sehr es ihnen widerstreben mochte, das Landheer in den Hintergrund zu drängen und der Flotte die Entscheidung zu überlassen.“ (Ed. Meyer, IV 1, S. 351.)

k) Der Rückzug der Griechen nach Salamis

18. ἄσμενοι gern; denn die Kämpfe waren hart gewesen. – διακριθέντες von Kämpfenden: sich absetzen. – ἐπεκράτεον sie waren im Besitz (waren also überlegen gewesen). – τρηχέως περιεφθέντες (περιέπειν behandeln) stark mitgenommen. – τιτρώσκειν hier: beschädigen. – δρησμός Rückzug. – δή dann endlich. – **21.** κατήρης (ἀραρίσκειν versehen mit etwas) ausgerüstet, fahrbereit. – παλήσειε von παλεῖν im Kampfe unterliegen. – ὣς δ' αὔτως ebenso. – νεώτερον: euphemistisch für κακόν. – 2. οὐκέτι ἐς ἀναβολάς (wörtl.?) = unverzüglich. – ἐκομίζοντο, ὡς ἐτάχθησαν sie fuhren in der Ordnung, wie sie aufgestellt waren. – **22.** ἐπιλέγεσθαι: zweimal (in verschiedener Bedeutung) im Satz vorkommend: 1. aussuchen, 2. lesen. – περὶ τὰ πότιμα ὕδατα: an die Orte (der Küste von Histiaiotis), wo man das „Trinkwasser" zu holen pflegte. – ἐντάμνων = ἐντέμνων. – 2. ἀλλὰ μάλιστα sondern vielmehr. – πρός τινος γίγνεσθαι auf jmds. Seite treten. – ὑμεῖς δέ: nach konditionalen, temporalen oder relativen Vordersätzen stellen Homer und Hdt. das Subjekt des Nachsatzes, besonders eines imperativischen Nachsatzes, gern mit δέ voraus, um so diesem Nachsatz besonderen Nachdruck zu geben. – ἐκ τοῦ μέσου ἕζεσθε aus der Mitte (weggehend) sich gesondert setzen = nicht am Kampfe gegen uns (ἡμῖν) teilnehmen. – τὰ αὐτὰ ὑμῖν das gleiche wie ihr. – ὑπ' ἀναγκαίης μέζονος κατέζευχθε (ἢ ὥστε) von zu starkem Zwang eingeengt sein, (als daß). – ἐν τῷ ἔργῳ im Kampfe. – ἐθελοκακεῖν mit Vorsatz schlecht sein, sich (im Kampfe) nicht einsetzen. – ἀρχῆθεν ursprünglich. – 3. δοκέειν ἐμοί absoluter Inf.: wie mir scheint. – ἐπ' ἀμφότερα νοέων in doppelter Absicht. – μεταβαλεῖν abfallen. – ἐπείτε ἀνενειχθῇ: futurischer Temporalsatz ohne ἄν; ἀναφέρειν hinterbringen. – διαβάλλειν hier: übel auslegen. – ἀπίστους ποιήσῃ verdächtig machen. – **23.** ἐν φυλακῇ ἔχειν festhalten. – προκαθορᾶν etwas untersuchen. – τὰ ἦν die Wahrheit. – ἅμα ἡλίῳ σκιδναμένῳ (σκίδναμαι Nebenform von σκεδάννυμαι) mit Sonnenaufgang. – ἁλής in geschlossener Formation. – 2. τὸ ἀπὸ τούτου darauf. – ἔσχον sie nahmen ein. – ἡ μοῖρα der Teil. – ἐπέδραμον, ἐπιτρέχειν hier: angreifen, plündern.

26. ἐς ὁδὸν ὁρμέατο sie hatten sich auf den Marsch begeben. – βίου δεόμενοι aus Mangel an Lebensmitteln. Die Not war auf die Blockade der Meerengen des Bosporus und des Hellespont durch die Perser zurückzuführen. Es kamen keine Getreideschiffe aus dem Pontus durch. – ἐνεργοὶ βουλόμενοι εἶναι (ἐνεργός = arbeitend) etwas verdienen wollen. – 2. Ὀλύμπια ἄγουσι das olympische Fest feiern. – ἀγῶνα γυμνικὸν καὶ ἱππικόν: die Spiele in Olympia umfaßten den Fünfkampf (Lauf, Weitsprung, Diskus- und Speerwurf), das Pankration, eine Mischung von Faust- und Ringkampf, sowie Pferde- und Wagenrennen. – ἐπείρετο er fragte weiter. – τῆς ἐλαίης τὸν διδόμενον στέφανον sc. κεῖσθαι: der „Kranz von Ölzweigen", den man dem Sieger zu verleihen pflege. – δειλίην ὦφλε πρὸς βασιλέος (ὀφλισκάνειν τι sich schuldig machen) zog sich den Vorwurf der Feigheit seitens des Großkönigs zu. – 3. οὔτε . . . τε = neque . . . et. – παπαῖ wehe! ist Interjektion der Tragödie (gegenüber dem epischen ὢ ποποί). – περὶ ἀρετῆς um den Ruhm der Tüchtigkeit. – **40.** κατίσχειν (τὰς νέας) die Schiffe darauf loshalten, fahren. – ὑπεξαγάγωνται in Sicherheit bringen. – πρὸς δὲ καί außerdem. – τὸ ποιητέον, τό Relativpron., bei Hdt. öfter statt des indir. Fragepronomens. – ἐπὶ τοῖσι κατήκουσι πρήγμασι unter den gegenwärtigen Umständen. – 2. ὑποκατῆσθαί τινα jmd. erwarten. – εὗρον οὐδὲν ἐόν sie fanden nichts verwirklicht. – οἱ δέ sondern sie. – ἀπιέναι (attisch?) preisgeben. – **41.** Ἀθηναίων τῇ τις δύναται statt Ἀθηναίους, τῇ τις δύναται, σῴζειν. – ὑπεξέκειτο: Ppf. Pass. v. ὑπεκτίθεσθαι in Sicherheit bringen. – 3. στρατόπεδον Flotte. – **42.** συνέρρεε sammelte sich. – 2. νέας ἄριστα πλεούσας: dieser Ausdruck bezieht sich vornehmlich auf den Wert und die Geübtheit der Bemannung. – „Die griechische Flotte bei Salamis war zwischen 300 und 400 Trieren stark; danach werden wir der persischen damals kaum mehr als 400–500 Kriegsschiffe – die gewiß nicht sämtlich Trieren waren – zuschreiben dürfen. Beim Auszug mögen es etwa 200–300 mehr gewesen sein. Dazu kam aber eine große Zahl von Transportschiffen, Kähnen u. ä., so daß die Gesamtsumme von 1000 Schiffen nicht unberechtigt ist." (Ed. Meyer, Gesch. d. Altertums, Darmstadt 1965, IV 1, S. 354.)

l) Die Einnahme Athens

49. προτιθέναι vorschlagen. – τὸν βουλόμενον jeder, der es wünsche. – Konstr.: ὅκου τῶν χωρέων, τῶν αὐτοὶ ἐγκρατέες εἰσί; ἐγκρατής τινός εἰμι ich bin im Besitz von etwas. – ἀπεῖτο: vgl. zu VIII 40, 2. – 2. συνεξέπιπτον stimmten überein. – ἐπιλέγοντες: ein Anakoluth. Worauf ist es sinngemäß zu beziehen? – πολιορκήσονται passivisch. – τιμωρίη hier: Hilfe. – ἐκφέρεσθαι sich retten. – **50.** πυρπολεῖν mit Feuer verwüsten. – 2. αὐτῶν ἐκλελοιπότων ἐς Πελοπόννησον kurz für: αὐτῶν ἐκλελοιπότων καὶ πεφευγότων ἐς Π. – **51.** 2. ἔρημον leer, von den Bewohnern verlassen. – ἐν τῷ ἱρῷ: gemeint ist das Erechtheion auf der Akropolis. – ὁ ταμίας: der Verwalter des Tempelschatzes und Inventars, insbesondere der heiligen Geräte, die als „ἀκίνητα" nicht von der Burg weggebracht werden durften. – φράσσειν τὴν ἀκρόπολιν den Zugang zur Burg versperren. – ὑπ' ἀσθενείης βίου (= βιότου) aus Armut. – αὐτοί allein. – τὸ μαντήιον hier: der Sinn des Orakelspruches. – τὸ κρησφύγετον der Zufluchtsort. – **52.** ἐπὶ τὸν καταντίον τῆς ἀκροπόλιος ὄχθον auf dem der Akropolis gegenüberliegenden Hügel; er lag westlich vom Aufgang zur Burg. Die anderen Seiten der Akropolis waren infolge ihrer Steilheit unzugänglich oder durch Befestigungsmauern geschützt. – Statt ὅκως mit iterativem Optativ i. D. ein Hauptsatz. – τὸ στυππεῖον Werg. – ἅπτειν anzünden. – τὸ φράγμα (φράσσειν) die Verschanzung. – προδεδωκότος keinen Schutz mehr gewährend. – 2. λόγους περὶ ὁμολογίης Vertragsvorschlag. Auch Xerxes versuchte (wie Dareios), die Peisistratiden nach Athen zurückzuführen. – ὁ ὀλοίτροχος der Rollstein. – ἀπορίῃσι ἐνέχεσθαι in Verlegenheit sein. – **53.** χρόνῳ allmählich. – ἐκ τῶν ἀπόρων aus den Schwierigkeiten. – ἔμπροσθε πρὸ τῆς ἀκροπόλιος an der Vorderseite der Burg; als solche wird hier die Nordwest-Seite bezeichnet. – ἤλπισε ἄν, μή keiner hätte befürchtet, daß. – 'Αγλαύρου: vgl. Eigennamenverz. – ἀπόκρημνος abschüssig, steil. – 2. εἰς τὸ μέγαρον in das Tempelinnere (des Erechtheions). – **55.** 'Ερεχθεύς: vgl. Eigennamenverz. – γηγενής erdgeboren. – ἐλαίη καὶ θάλασσα Ölbaum und Brunnen mit Meerwasser. – λόγος παρὰ τῶν Ἀθηναίων erg. ἐστί = λέγεται. – μαρτύρια θέσθαι als Beweise anführen (für ihr Recht). Poseidon soll, um die Stadt als sein Eigentum zu kennzeichnen, mit seinem Dreizack die Salzquelle (das Meer) erschlossen, Athene aber den Ölbaum geschenkt haben. Beides war für Athen eine Quelle des Wohlstandes. Den Streit um das Land gewann vor einem Gottesgericht Athene; dargestellt auf dem Westgiebel des Parthenon. – κατέλαβε = συνέβη. – ὥρων = ἑώρων. – ὁ βλαστός der Trieb. – τὸ στέλεγχος der Baumstumpf. – ὅσον τε πηχαῖον etwa ellenlang.

m) Der Kriegsrat der Griechen

56. ὁ θόρυβος Lärm; hier: Bestürzung. – ἔμενον κυρωθῆναι, μένειν mit a. c. i.; κυροῦν entscheiden. – τὸ προκείμενον πρῆγμα: nämlich, wo man die Entscheidungsschlacht annehmen solle (vgl. VIII 49). – ἀποθευσόμενοι, θέω: Fut. θεύσομαι. – τοῖσι ὑπολειπομένοισι dat. auctoris. – διαλύεσθαι (mit pass. Aor.) auseinandergehen. – τὸ συνέδριον hier: Kriegsrat. – **57.** 2. ἀπαίρειν wegführen. – κατέχειν (zurückhalten) οὐ δυνήσεται, ὥστε μὴ οὐ διασκεδασθῆναι: die doppelte Negation beim Inf., da das übergeordnete Verbum des „Hinderns“ verneint ist. – τὴν στρατιήν die Flotte. – ἀβουλίῃσι Unverstand. – διαχεῖν auseinandergießen; rückgängig machen. – ἀναγιγνώσκειν (ion. Aor. ἀνέγνωσα) überreden. – μεταβουλεύεσθαι seinen Beschluß ändern. – **58.** ἡ ὑποθήκη die Unterlage, der Rat. – κοινόν τι συμμεῖξαι eine das Gemeinwohl betreffende Angelegenheit besprechen. – 2. καταλέγειν aufzählen, besprechen. – ἑαυτοῦ ποιεύμενος als seinen Gedanken ausgebend. Die Person des Mnesiphilos ist umstritten. Die Rolle, die er in dieser Angelegenheit gespielt haben soll, geht auf eine themistoklesfeindliche Tradition zurück. Die vorgetragenen Gedanken hat Themistokles sicher selbst gehabt. „Nicht nur die Athener, Ägineten und Megarer forderten den Kampf bei Salamis; wer die Situation wirklich überschaute, mußte erkennen, daß man an dem letzten Punkt stand, wo ein Kampf und ein Sieg überhaupt noch möglich war. Die Hauptschwierigkeit für Themistokles war nicht, die Griechen zum Bleiben, sondern die Perser zum Schlagen zu bringen.“ (Ed. Meyer, S. 366.) – ἐς ὅ bis. – χρῄζειν hier: bitten. – **59.** τὸν λόγον προτιθέναι die Sache vortragen. – πολλὸς ἦν ἐν τοῖσι λόγοισι = ἔλεγε πολλά. – οἷα κάρτα δεόμενος da es ihm sehr am Herzen lag. – προεξανίστασθαι zu früh (d. h.: ehe das Startzeichen gegeben ist) sich erheben (beim Wettlauf im Stadion). – ῥαπίζειν mit der Rute schlagen. – ἀπολύεσθαι sich rechtfertigen. – ἐγκαταλειπόμενοι (in der Reihe der Startenden) zurückbleibend.

60. τότε μέν: der Gegensatz erst VIII 61: τότε δή. – ἤπιος sanft, gelinde. – οὐκ ἔφερέ οἱ κόσμον οὐδένα es stand ihm nicht wohl an. – λόγου εἴχετο: vgl. zu VII 5. – *α.* ἐν σοί in deiner Hand. – ἀναζευγνύναι τὰς νέας mit den Schiffen aufbrechen. – ἀναπεπταμένος (von?) offen. – τοῦτο δέ andererseits. – κινδυνεύειν τῇ Ἑλλάδι Gr. in Gefahr bringen. – *β.* ἐν αὐτοῖσι dabei. – τὰ οἰκότα ἔκ τινος ἐκβαίνει etwas nimmt den gewöhnlichen Verlauf. – πολλὸν κρατήσομεν große Kraft entfalten, sehr stark sein. – πρὸς ἡμέων τί ἐστι etwas ist für uns günstig. – ἐν εὐρυχωρίῃ auf breiter, offener See. – αὖτις δέ ferner. – ἡμῖν ὑπέκκειται (hat sich im Numerus nach τέκνα gerichtet) haben wir in Sicherheit gebracht; wörtl.? – καὶ τόδε ἐν αὐτοῖσι ἔνεστι auch dieser Vorteil ergibt sich dabei. – περιέχεσθαί τινος sich an etw. festhalten; τοῦ καὶ περιέχεσθε μάλιστα woran euch ja eben soviel liegt. – ὁμοίως καί ebensogut wie. – προναυμαχήσεις Πελοποννήσου zum Schutze der P. kämpfen, die P. verteidigen. – σφέας: nämlich die Perser. – ἄγειν locken. – *γ.* ἑκαστέρω τῆς Ἀττικῆς weiter als A., über A. hinaus. – οὐδενὶ κόσμῳ in Unordnung. – Μεγάροισι κερδανέομεν περιεοῦσι wir werden durch die Rettung von Megara Gewinn haben, wir werden den Gewinn haben, daß M. gerettet wird. – τὸ λόγιον der Orakelspruch. –

γενέσθαι: zum Aor. vgl. VII 220, 3. – οἰκότα βουλεύεσθαι einen vernünftigen Beschluß fassen. – ὡς τὸ ἐπίπαν im allgemeinen. – ἐθέλειν pflegen. – γίνεσθαι gelingen. Ebenso Aischylos, Pers. 742: ἀλλ' ὅταν σπεύδῃ τις αὐτός, χὠ θεὸς συνάπτεται. – προσχωρέειν πρός τι sich anschließen, etw. unterstützen.

61. ἐπεφέρεσθαι sich hart gegen jmd. wenden. – ἐπιψηφίζειν τινί jmd. an der Abstimmung teilnehmen lassen. – ἀπόλι ἀνδρί: da Athen inzwischen zerstört worden war. – παρέχεσθαι πόλιν als Vertreter einer Stadt auftreten. – οὕτω nur in dem Falle. – γνώμας συμβάλλεσθαι an der Abstimmung teilnehmen. – 2. Ordne: ἐδήλου λόγῳ (er betonte mit Nachdruck), ὡς ἑωυτοῖσι εἴη καὶ πόλις ... – ἔστ' ἄν solange. – ἀποκρούεσθαι von sich abwehren. – **62.** σημαίνειν erklären. – μᾶλλον ἐπεστραμμένα (ἔπεα) nachdrücklicher. – καὶ μένων schon durch dein Bleiben. – ἀνατρέπειν verderben. – τὸ πᾶν die Entscheidung. – 2. ὡς ἔχομεν unverzüglich. – ἀναλαμβάνειν an Bord nehmen. – ἐκ παλαιοῦ ἔτι schon seit alter Zeit. – **63.** ἀναδιδάσκειν eines Besseren belehren. – δοκέειν: absoluter Inf. – ἀρρωδέειν fürchten. – τοὺς Ἀθηναίους: Prolepsis. – ἀξιόμαχοι dem Feinde gewachsen. – **64.** ἀκροβολίζειν aus der Ferne schießen; ἔπεσι ἀκροβολισάμενοι nach solchem Wortgefecht. – 2. Αἰακίδας: gemeint sind bildliche Darstellungen, vgl. Verz. d. Eigenn.

n) Das Zeichen von Eleusis

65. ἔφη: zu denjenigen, von denen Hdt. diese Nachricht erhalten hat. – λόγιμος angesehen. – κείρειν verwüsten. – ἐρημός τινος verlassen von jdm. – ἅμα Δημαρήτῳ: die hier erzählte Begebenheit soll sich am Vorabend der Schlacht von Salamis abgespielt haben. Dikaios und Demaratos, die beiden griech. Emigranten, die im Heere des Perserkönigs den Feldzug mitmachten, werden mit dem einmarschierenden Fußvolk von Boiotien her auf der Straße nach Athen durch die Thriasische Ebene gezogen sein. Zur Rechten am Meere sieht man Eleusis liegen, wohin um diese Zeit die Prozession der Mysten von Athen aus zu ziehen pflegte. Vgl. Verz. d. Eigenn. u. d. W. Ἐλευσίς. – ὁ κονιορτός Staub(wolke). – χωρέειν ἀπό τινος ausgehen von, aufsteigen bei etwas. – μάλιστά κῃ (ungefähr) τρισμυρίων: es wird dieses die Durchschnittszahl der Mysten aus Griechenland gewesen sein. – ἀποθωμάζειν τὸν κονιορτόν, ὅτεων ... εἴη sich verwundert fragen; das proleptische κονιορτόν ist als Subj. in den Nebensatz zu stellen. – πρόκατε alsbald. – τὸν μυστικὸν ἴακχον der Iakchos-Ruf der Mysten. – 2. ἀδαήμων (poet.) unkundig. – τὰ ἱρά die heiligen Gebräuche. – τὸ φθεγγόμενον der Ruf. – οὐκ ἔστι ὅκως οὐ ohne allen Zweifel. – τὸ σίνος (poet.) das Unheil. – ἀρίδηλος (poet.) = ἀρίζηλος offenbar; erg. ἐστίν. – Hinter φθεγγόμενον (Stimme) erg. ἐστίν. – ἐς τιμωρίην zum Beistand. – 3. κατασκήπτειν sich wenden; als Subjekt schwebt κονιορτός vor. – 4. τὴν δὲ ὀρτήν (= ἑορτήν): die großen Eleusinien. – μυεῖται, μυεῖν = in die Mysterien einweihen. – ἰακχάζειν τὴν φωνήν den Ruf jubelnd erklingen lassen. – 5. ῥύεσθαι (poet.) retten. – οὐδὲ εἷς = οὐδείς. – θεοῖσι μελήσει: nach Hom. Od. ρ 601: ἀθανάτοισι μελήσει. – 6. τὸ νέφος (poet.) die Wolke. – μεταρσιωθέν von μεταρσιοῦν in die Höhe heben. – φέρεσθαι ἐπί τινος in Richtung auf etwas ziehen. – καταπτόμενος, καθάπτεσθαί τινος = jmd. anrühren, als Zeugen anrufen.

Die auch von Plutarch (Them. 15) überlieferte Erzählung ist von Hdt. sorgfältig stilisiert und mit Hilfe dichterischer Wörter höchst wirkungsvoll gestaltet worden. „Vom Schleier des Geheimnisses umhüllt, bildet dieser Bericht den stimmungsvollen und deutungsschweren Auftakt für den (bevorstehenden) Kampf.“ (Pohlenz.) Hdt. verlegt den geschilderten Vorgang auf den Vorabend der Schlacht, um die ungeheure Spannung zu kennzeichnen, die in jenen Tagen auf den Menschen lastete und sich auch uns heute noch mitteilt, da bei Salamis darüber entschieden wurde, ob sich das Abendland nach eigenen Gesetzen würde entwickeln können.

o) Die List des Themistokles

66. τὸ τρῶμα die Niederlage. – ἐν Φαλήρῳ: VI 116: τοῦτο ἦν ἐπίνειον τῶν Ἀθηναίων. – **67.** συμμεῖξαι, συμμειγνύναι τινί mit jdm. zum Gespräch zusammenkommen, sich beraten. – τῶν ἐπιπλεόντων der Seeleute. – **70.** παρεκρίθησαν sie wurden in Schlachtlinie aufgestellt. – ἐξέχρησε = ἐξήρκεσε. – 2. εἶχε hatte ergriffen. – ἀρρωδίη Angst. – ἀπολαμφθέντες (att. ἀποληφθέντες) abgeschnitten. – πολιορκήσονται: Passiv. – ἀπέντες ἀφύλακτον (att. ἀφέντες) ungeschützt lassen. – Zu τὴν ἑωυτῶν erg. χώραν. – **71.** ὑπὸ τὴν παρεοῦσαν νύκτα unter dem Schutz der gegenwärtigen Nacht. – τὰ δυνατὰ πάντα ἐμεμηχάνητο alle möglichen Vorbereitungen waren getroffen worden. – ἵζεσθαι Stellung beziehen. – 2. συγχώσαντες τὴν Σκειρωνίδα ὁδόν: vgl. Verz. der Eigenn. u. d. W.; συγχοῦν unwegsam, unpassierbar machen. – ἡ πλίνθος Ziegelstein. – ὁ φορμός der Korb. – ἐλινύειν (poet.) rasten. – Die Mauer über die Landenge, von der noch heute Reste erhalten sind, war über 7 km lang, hatte Brunnenschächte für die Wasserversorgung, vorspringende Verteidigungstürme und einige feste Kastelle. – ἤνετο = ἠνύετο. Die Wendung ἤνετο τὸ ἔργον ist homerisch; vgl. z. B. Il. Σ 473: καὶ ἔργον ἄνοιτο. – **74.** πόνῳ συνέστασαν (zu einer Arbeit zusammengetreten) mit einer Arbeit beschäftigt sein. – τὸν περὶ τοῦ παντὸς δρόμον θέοντες (eine Wendung aus dem Sport): um die Entscheidung kämpfen. – ἐλλάμπεσθαι sich hervortun, Erfolg haben. – 2. ἕως μέν eine Zeitlang. – Zu ἕως μὲν δὴ αὐτῶν ἀνὴρ ἀνδρὶ παραστὰς σιγῇ (= insgeheim) λόγον ἐποιέετο vgl. Hom. Il. B 271: ὧδε δέ τις εἴπεσκεν ἰδὼν ἐς πλησίον ἄλλον, Anklänge an das Epos gehören zum Stil des Logos. – λόγον ποιέεσθαι = διαλέγεσθαι; θῶμα ποιεύμενοί τι = θαυμάζοντες. – ἐξερράγη ἐς τὸ μέσον es brach offen aus (nämlich das Unwetter, übertragen: die Empörung). – σύλλογος: ein Kriegsrat der Strategen. – περὶ τῶν αὐτῶν: wie in der vorhergehenden Sitzung des Kriegsrates. – δοριάλωτος (mit dem Speer gefangen) erobert.

75. ἑσσοῦσθαι τῇ γνώμῃ ὑπό τινος (ἑσσόομαι = att. ἡττάομαι) überstimmt werden von jdm. – τὰ λέγειν χρεόν (sc. ἦν) quae dici vellet = was er mitgeteilt wissen wollte. – ὡς ἐπεδέκοντο οἱ Θ. πολιήτας als die Th. Neubürger aufnahmen (wegen der großen Verluste bei Thermopylai). – 2. φρονέων τὰ βασιλέος auf Seiten des Großkönigs stehen. – τὰ ὑμέτερα (πρήγματα) κατύπερθε γίγνεται ihr gewinnt die Oberhand. – παρέχει (= πάρεστιν) mit a. c. i. es ist möglich. – περιίδητε διαδράντας αὐτούς, περιορᾶν τινα ποιοῦντά τι = jmd. etwas tun lassen. – 3. καὶ τοὺς μὴ sc. τὰ ὑμέτερα φρονέοντας. – Wir haben keinen Grund, an der Richtigkeit des Berichts zu zweifeln, zumal auch Aischylos in den Persern (Vs. 355ff.) die Botschaft des Themistokles erwähnt. Ob Xerxes sich dadurch zum Kampf bestimmen ließ, ist ungewiß; die Botschaft entsprach aber seinen Absichten. – **76.** πιστὰ ἐγίνετο (die Nachricht) erschien glaublich. – τοῦτο μέν ... τοῦτο δέ zuerst ... darauf. – ἀποβιβάζειν (von den Schiffen) an Land gehen lassen, landen. – τὸ ἀπ' ἑσπέρης κέρας: die Abteilung, die in der neuen Aufstellung den „westlichen Flügel" bilden sollte. – κυκλοῦσθαι sich im Kreise bewegen, umzingeln. „Die griechische Flotte lag in der etwa 500 Meter breiten, tief in die Ostküste der Insel einschneidenden Bucht, die den Hafen der Stadt Salamis (jetzt Ambelaki) bildete. Dieselbe ist im Norden von einer kleinen Landzunge begrenzt, die sich dem vorspringenden Festland bis auf 1200 Meter nähert, im Süden von einem 3,5 km weit ins Meer vorspringenden Höhenrücken, der den Namen Kynosura trägt. Auch ihm streckt das attische Festland eine Landzunge entgegen; dazwischen liegt das kleine Felseiland Psyttaleia. Dadurch wird das Meer zwischen dem Festland und Salamis im Süden fast völlig abgesperrt und in einen etwa 5 km langen, über 1,5 km breiten Sund verwandelt. Diesen Sund sperrte die persische Flotte bei Nacht völlig ab, in drei Reihen hintereinander aufgestellt. Eine starke Truppenabteilung wurde auf Psyttaleia postiert, um die Schiffbrüchigen abzufangen, und ein Geschwader nach dem westlichen Ausgang der eleusinischen

Bucht in den schmalen Sund zwischen Megara und Salamis entsandt, um den Griechen jedes Entkommen unmöglich zu machen. Auf den Höhen des Aigaleos an der Küste im Norden nahm Xerxes seinen Standort.“ (Ed. Meyer, IV 1, S. 368f.) – 2. ἐξοισομένων, ἐκφέρεσθαι (von der Meeresströmung) hingetrieben werden. – τῶν ἀνδρῶν: die sich schwimmend dorthin zu retten versuchen würden. – τῶν ναυηγίων: im Kampfe manövrierunfähig gemachte „Schiffswracks“. – περιποιεῖν retten, bergen. Die auf Psyttaleia gelandete Mannschaft sollte außerdem nach errungenem Seesieg als Landungstruppe dienen und die Verbindung der Flotte mit dem in Attika stehenden Landheere herstellen. – ἐν πόρῳ τῆς ναυμαχίης τῆς μελλούσης ἔσεσθαι in der Enge, wo ... – 3. παραρτέεσθαι Vorkehrungen treffen.

78. ὠθισμὸς λόγων πολλός ein heftiger Wortwechsel. – κατὰ χώρην εἶναι unverändert an seiner Stelle liegen bleiben. – **79.** συνεστηκέναι aneinander geraten sein, sich streiten. – ἐξωστρακισμένος: Aristeides, einer der 10 Strategen bei Marathon, i. J. 484/83 „durch das Scherbengericht verbannt“, wurde kurz vor der Schlacht bei Salamis zurückgerufen. – νομίζειν hier: die Überzeugung gewinnen. – 2. στὰς ἐπί hintretend vor. – τὰ μάλιστα im höchsten Grade. – λήθην ἐκείνων ποιεύμενος = ἐπιλαθόμενος ἐκείνων. – σπεύδειν auf etwas drängen. – 3. στασιάζειν wetteifern. – περὶ τοῦ in der Frage, in dem Streben. – 4. ἴσον ἐστίν es ist gleichgültig; davon abh.: Πελοποννησίοισι. – αὐτόπτης Augenzeuge. – **80.** χρηστὰ διακελεύεαι: nämlich περὶ τῆς ἡμετέρης στάσιος. – Vor αὐτός erg. ein von αὐτόπτης γενόμενος abhängiges τούτων. – ἐξ ἐμέο (sc. ποιεύμενα) auf mein Anstiften. – ὅτε da ja. – ἀέκοντας παραστήσασθαι = sie mit Gewalt auf seine Seite bringen. – 2. πλάσας λέγειν (πλάζειν = erdichten) etwas Erfundenes erzählen. – ὡς οὐ ποιεύντων τῶν βαρβάρων ταῦτα (ὡς beim Part. zum Ausdruck eines subjektiven Grundes) da ihrer Meinung nach die B. das nicht täten. – ὅμοιος hier: gleichgültig. – **81.** ἐξ Αἰγίνης ἥκειν: in der Darstellung Herodots werden eine Anzahl Ereignisse auf die Nacht vor dem Kampfe zusammengedrängt, die unmöglich alle zu dieser Zeit hatten stattfinden können. Nach VIII 76 vollziehen die Perser, „als es Mitternacht wurde", die Umzingelungsbewegung bei Salamis. Diese ist die Folge der Meldung des Sikinnos (VIII 75). Aristeides andererseits kommt in derselben Nacht von Aigina herüber und hat bereits das detachierte persische Geschwader in seine neue Stellung auffahren sehen. Schon der von den einzelnen zurückgelegten Entfernungen wegen können sich alle diese Vorgänge unmöglich in derselben Nacht abgespielt haben. Hdt. kommt es darauf an, die Spannung der Zuhörer durch Aneinanderreihung sensationeller Vorgänge zu erhalten und ständig zu steigern. Der Künstler Hdt. überspielt hier den Historiker. – τοὺς ἐπορμέοντας die blockierenden Seestreitkräfte. – παραρτέεσθαι Gegenmaßnahmen treffen. – ἀλεξησομένους von ἀλέξεσθαι sich verteidigen. – μετεστήκεε war hinausgegangen. – ἡ ἀμφισβασίη der Streit. – πείθεσθαι c. acc. glauben. – **82.** ἐς τὸν τρίποδα: erhalten von diesem Weihgeschenk sind die drei sich umeinander windenden ehernen Schlangen, die das Becken trugen. Auf ihren Leibern sind noch jetzt die Namen von 31 griechischen Staaten zu lesen, die bei Salamis und Plataiai mitgekämpft haben. Diese Namenliste wird eingeleitet durch die Worte: τοίδε τὸν πόλεμον ἐπολέμεον. Die Gesamthöhe des Weihgeschenks betrug fast 8 m, der Durchmesser des goldenen Kessels 3 m; auf der Basis, die etwa 3,5 m breit und tief war, stand folgendes Epigramm:

Ἑλλάδος εὐρυχόροιο σωτῆρες τόνδ' ἀνέθηκαν
δουλοσύνης στυγερᾶς ῥυσάμενοι πόλιας.

p) Die Schlacht bei Salamis (etwa 22. Sept. 480 v. Chr.)

83. καὶ οἵ, ὅς ist in der alten Sprache oft auch Demonstrativum: und diese, und sie. – προηγόρευε (statt des zu erwartenden προηγόρευον) ist auf Θεμιστοκλέης bezogen. – εὖ ἔχοντα treffliche Worte. – ἐκ πάντων besonders. – πάντα: prädikativ zu ἔπεα. – κρέσσω = att. κρείττω. – ἦν ἀντιτιθέμενα, ἀντιτιθέναι vergleichend einander gegenüberstellen. – ἡ κατάστασις die Lage. – ἐγγίνεσθαι vorkommen. – 2. καταπλέκειν τὴν ῥῆσιν die Rede schließen. – κατὰ τοὺς Αἰακίδας: vgl. K. 64, 2. – **84.** ἐπεκέατο att. ἐπέκειντο. – πρύμνην ἀνακρούεσθαι rückwärts rudern. – ὀκέλλειν τὰς νέας die Schiffe auf den Strand laufen lassen. – ἐξαναχθείς (sc. ἐκ τῆς τάξιος) vorgefahren. – συμπλεκείσης, συμπλέκεσθαι = sich verwickeln. – Zu δυναμένων erg. τῶν νεῶν. – συνέμισγον sie griffen in den Kampf ein. – 2. τὸ φάσμα (φαίνω) das Gespenst, die Erscheinung. – μέχρι κόσου wie lange noch. – **85.** κατὰ 'Αθηναίους, κατά hier: gegenüber. – ἑσπέρη hier: Nordwest, ἠώς: Südost. – τὰς Θεμιστοκλέος ἐντολάς: vgl. VIII 22. – 2. ἔχω c. inf. = ich könnte. – χρήσομαι mit „erwähnen". – 3. καταστησάντων τῶν Περσέων, καθιστάναι einsetzen. – εὐεργέτης βασιλέος: ein persischer Titel für Ausländer; vgl. amicus populi Romani. – Das persische Wort ὀροσάγγαι wurde von griechischen Gelehrten mit „σωματοφύλακες βασιλέως" wiedergegeben. – Περσιστί auf persisch. – **86.** κεραΐζειν (durch Zerbrechen der Ruder und Steuer oder Einrennen der Schiffswände) unbrauchbar machen. – σὺν κόσμῳ καὶ κατὰ τάξιν in guter Ordnung und in geschlossenen Reihen. – σὺν νόῳ mit Überlegung. – ἔμελλε συνοίσεσθαι es mußte naturgemäß so auslaufen. – ἐγένοντο ἀμείνονες αὐτοὶ ἑωυτῶν: der eigentliche Bezug des Vergleichs liegt in ἢ πρὸς Εὐβοίῃ; übers.: sie übertrafen sich selber und hielten sich besser als bei Euboia. – προθυμεόμενος sich voll einsetzend. – ἐδόκεε θεήσεσθαι, δοκεῖν hier = ἐλπίζειν.

Ein einheitliches Bild von dem Verlauf der Seeschlacht hat Hdt. bei seinen Gewährsmännern nicht erhalten können. Seine Darstellung läuft daher bald in die Schilderung von Einzelaktionen aus (VIII 87, 93). Wer sich auf griechischer Seite ausgezeichnet hat, wird genannt wie bei Thermopylai. Im folgenden berichtet er zunächst von dem Verhalten der Artemisia auf Seiten der Perser. – Im übrigen zeigt Hdt. geringes Interesse an militärisch-taktischen Fragen.

87. εὐδοκίμησε kam in Ansehen. – 2. ἐς θόρυβον ἀπικέσθαι in Verwirrung (Gefahr) kommen. – καὶ ἣ ... ἔδοξέ οἱ (= αὐτῇ) ist ein begreifliches Anakoluth. – πρὸς τῶν πολεμίων nahe am Feinde. – συνήνεικε es hatte Erfolg. – φέρουσα in voller Fahrt. – 3. εἰ μὲν καί wenn nun auch. – Zu ἐόντων erg. αὐτῶν. Zwischen Artemisia und Damasithymos bestand auf Grund irgendeines Vorkommnisses ein gespanntes Verhältnis. – ἐκ προνοίης mit Vorbedacht. – συνεκύρησε κατὰ τύχην παραπεσοῦσα (das Zufällige ist dreifach ausgedrückt) das Schiff kam ganz aus Zufall ihr in den Weg. – 4. διπλὰ ἑωυτὴν ἀγαθὰ ἐργάσατο erlangte einen zweifachen Vorteil. – ἀποστρέφειν abdrehen. – **88.** τοῦτο μέν ... τοῦτο δέ einerseits ... andererseits. – τοιοῦτο αὐτῇ συνήνεικε γενέσθαι es gelang ihr. – συνέβη ὥστε mit a. c. i. = es traf sich, daß. – 2. μαθεῖν sich erkundigen nach etwas. – φάναι bejahen. – τὸ ἐπίσημον das Kennzeichen; die Galionsfigur am Bug des Schiffes. – ἐπίστασθαι kennen; ἠπιστέατο (Form?) sie glaubten. – 3. τά τε ἄλλα ... καὶ τό (mit a. c. i.) als auch die Tatsache, daß ... – συνήνεικε ἐς εὐτυχίην schlug zu ihrem Glück aus. – Mit viel Liebe hat Hdt. das Bild der Königin Artemisia (vgl. Verz. d. Eigenn. u. d. W.) – nicht nur aus der halikarnassischen Tradition – gezeichnet. Man schließt daraus auf enge Beziehungen zwischen dem Historiker und dem Herrscherhause seiner Heimat, die vielleicht sogar verwandtschaftlicher Art waren. – **89.** ἀπὸ μὲν ἔθανε: Tmesis wie bei Homer. – ἅτε νέειν ἐπιστάμενοι sc. οἱ Ἕλληνες: daß die Griechen das Schwimmen-Können bei jedem der Ihrigen als eine Selbstverständlichkeit ansahen, erkennt man aus dem Sprichwort: „οὔτε νεῖν οὔτε ἄλφα γράφειν δύναται." – ἐν χειρῶν νόμῳ im Handgemenge. – 2. ἐς τὸ πρόσθε παριέναι an ihnen vorbei nach vorne vordringen. – ἀποδείκνυσθαι ἔργον τινί vor jmds. Augen eine Tat vollbringen.

91. ὑποστάντες sich in den Weg stellend. – ἐν τῷ πορθμῷ: zwischen Attika und der Insel Psyttaleia. – ἐν τῷ θορύβῳ in dem Getümmel. – φερόμενοι auf ihrer eiligen Flucht. – **92.** 2. ἡ στρατηγίς das Admiralsschiff. – βώσας: ion. ἔβωσα = att. ἐβόησα.

– ἐπικερτομεῖν (verbunden mit dem gleichbedeutenden ὀνειδίζων) höhnische Anspielungen auf etwas machen. Wenige Jahre vorher hatten die Athener die Bewohner von Aigina der Perserfreundschaft beschuldigt und den Vater des Polykritos deswegen verhaftet. – ἀπορρίπτειν εἴς τινα bittere Worte auf jmd. schleudern. – ὑπὸ τὸν στρατόν unter den Schutz des Heeres. – **93.** ἤκουσαν ἄριστα ernteten höchsten Ruhm. – ἐπὶ δέ nächst diesen. – ἐπεδίωξε: vgl. VIII 87. – εἰ ἔμαθε wenn er gewußt hätte. – 2. ἄεθλον ἔκειτο es waren als Belohnung ausgesetzt. – δεινὸν ποιεῖσθαι über etwas aufgebracht sein. In Griechenland spielte die Frau eine stark untergeordnete Rolle. Bezeichnend das Wort des Aischylos (Sept. 232): σὸν δ' αὖ (ἐστίν) τὸ σιγᾶν καὶ μένειν εἴσω δόμων. – **94.** τὰ ἱστία αἴρεσθαι die Segel aufziehen lassen. – ὡσαύτως ebenso. – 2. γίνεσθαι κατά τι in die Nähe von etwas kommen. Zum Inf. vgl. II 118, 3. – ὁ κέλης die Jacht. – θείῃ πομπῇ durch göttliche Schickung, von einer Gottheit gesandt. – τὸν οὔτε ... οὐδένα und es sei niemand erschienen, der sie geschickt hätte. – προσφέρεσθαί τινι auf jmd. losfahren. – ἀπὸ τῆς στρατιῆς = περὶ τῆς στρατιῆς. – οὔτε τι: die Verneinung betrifft nur das τι. – τῇδε daher. – συμβάλλονται man vermutet. – 3. καὶ δή = ἤδη. – ὅσον in einem Maße, wie. – οἷοί τε εἶεν bereit seien. – ἀγόμενοι ὅμηροι als Geiseln sich mitnehmen lassend. – 4. ἐπ' ἐξεργασμένοισι nach getaner Arbeit, nach beendeter Schlacht. – φάτις ἔχει ὑπὸ 'Αθηναίων (vgl. VI 115: αἰτίῃ ἔσχεν): diese Erzählung wird von den A. ausgestreut. Daß dies eine Verleumdung war, hervorgerufen durch die Rivalität zwischen Athen und dem reichen Korinth, bezeugt u. a. das Epigramm des Simonides (vgl. Textb. S. 209), das die Korinther bald nach der Seeschlacht auf den ihren Gefallenen auf Salamis errichteten Gedenkstein gesetzt haben. – **95.** ὀλίγῳ τι πρότερον τούτων weiter oben. – ἀπέβησε (kausativer sigmat. Aor.) ἄγων er ließ sie hinüberschaffen. – **96.** κατερύειν (Wracks) bergen. – ἔτι ἐόντα: d. h. soweit sie nicht vom Westwinde an die Küste Attikas getrieben waren, die noch im Besitz der Perser war. – ἐλπίζοντες befürchtend.

q) Der Rückzug des Xerxes

97. τὸ πάθος hier: das (jmd. treffende) Unglück. – ὑποτίθεσθαι raten. – νοήσωσι = auf den Gedanken kommen. – θέλων μὴ ἐπίδηλος εἶναι (wörtl.?) = um sein Vorhaben zu verheimlichen. – χῶμα διαχοῦν einen Damm bauen. – ἐς Σαλαμῖνα: der Damm sollte 1. als Verbindungsweg zwischen der Insel und dem Festlande dienen, 2. den Feind von dieser Seite her absperren. – γαῦλοι Proviantschiffe. Die Schiffbrücke (σχεδίη) sollte zunächst den Damm ersetzen. – ἀρτέεσθαι sich rüsten. – 2. εὖ ἠπιστέατο sie glaubten ganz gewiß. – ἐκ παντὸς νόου in vollem Ernst. – **98.** θνητὸν ἐόν = unter allen menschlichen Einrichtungen. – οὕτω = so geschickt. – τοῖσι Πέρσῃσι: was für ein Dativ? – ὁσέων ἂν ἡμερέων ᾖ ἡ ὁδός wie d. W. Tagereisen lang ist. – διεστᾶσι: sie sind in bestimmten Abständen aufgestellt. – κατὰ ἡμερησίην ὁδὸν ἑκάστην für je eine Tagesstrecke jedesmal. – ὁ νιφετός das Schneegestöber. – ἔργειν = att. εἴργειν hindern. – αὐτῷ: dem jedesmaligen Reiter. – 2. κατά περ wie. – ἡ λαμπαδηφορίη: „Fackelwettläufe" fanden an den Festen des Hephaistos, Pan, Prometheus, der Athene und Bendis statt. Es galt dabei, eine Fackel brennend ans Ziel zu bringen. Die beiden miteinander wetteifernden Parteien hatten in bestimmten Abständen Reiter oder Läufer aufgestellt. Der erste trug die Fackel dem zweiten zu, dieser dem dritten usw. – ἐπιτελεῖν τινί τι einem zu Ehren etwas veranstalten. – τὸ δράμημα τῶν ἵππων die Reiterpost. – τὸ ἀγγαρήιον ist als Fremdwort ins Griechische übergegangen. Diese persische Eilpost wird auch Esther VIII 10 erwähnt. – **99.** μυρσίνη, θυμιήματα: vgl. zu VII 54. – ἦσαν ἐν θυσίῃσί τε καὶ εὐπαθείῃσι sie brachten Opfer dar und feierten frohe Feste. – 2. συνέχεε, συγχέειν aus der Fassung bringen. – κιθῶνας = att. χιτῶνας. – ἐν αἰτίῃ τιθέναι die Schuld zuschreiben. – Vgl. hier den Botenbericht aus Aischylos' „Πέρσαι" (Textb. S. 202ff.).

100. πάντα τὸν μεταξὺ χρόνον: was für ein Akkus.? – ἦν γενόμενον: man erwartet γινόμενα (= γιγνόμενα). – ἔπαυσε hier:

beruhigen. – συμφορὴν ποιεῖσθαι ἔκ τινος über etwas bekümmert sein. – ἀναγιγνώσκειν veranlassen, bereden. – ἀνακινδυνεῦσαι eine neue Gefahr auf sich nehmen; worin diese bestehen soll, wird durch die beiden Infinitive κατεργάσασθαι (unterwerfen) und τελευτῆσαι näher bezeichnet. – ὑπὲρ μεγάλων αἰωρηθέντα für eine große Sache aufs Spiel gesetzt. – πλέον ἔφερέ οἱ ἡ γνώμη sein Trachten ging mehr dahin. – 2. ξύλων (statt νεῶν) ἀγών, offenbar eine Anspielung auf „ξύλινον τεῖχος" des Orakelspruches. – τὸ πᾶν die Entscheidung. – σοι gehört zu ἀντιωθῆναι (entgegentreten). – ἔδοσαν δίκας sie haben es büßen müssen. – 3. πειρᾶσθαι τῆς Πελοποννήσου einen Angriff auf die P. versuchen. – ἐπισχεῖν warten. – παρέχει es steht dir frei. – δυσθυμεῖν kleinmütig sein. – ἡ ἔκδυσις das Entrinnen; wie erklärt sich die doppelte Negation μὴ οὐ? – λόγον διδόνα büßen für etwas. – τῶν ἐποίησαν = τούτων, ἃ ἐποίησαν. – βεβούλευται es ist beschlossene Sache. – Zu αὐτόν erg. σέ. – καὶ ἐκ τῶνδε auch diesem entsprechend. – 4. ἐν Πέρσῃσι bei persischen Truppen. – δεδήληται von δηλέομαι ich richte zugrunde; hier passivisch: ist vereitelt worden. – προσήκει πρός τινα es geht einen an. – 5. τὰ ἤθεα die Wohnsitze, die Heimat. – τῆς στρατιῆς abh. von τὸ πολλόν. – παρασχεῖν hier etwa: zu Füßen legen. – **101.** ὡς ἐκ κακῶν wie es nach schwerem Leid zu sein pflegt. – ὑποκρίνεσθαι = ἀποκρίνεσθαι. – ἐπίκλητος zur Beratung zusammengerufen. – **107.** διαλέγειν auslesen. – πειρώμενον soll den Befehl auf das Mögliche beschränken: nach Möglichkeit. – ἐς τοσοῦτο ἐγίνετο es kam soweit. – ὡς τάχεος εἶχε so schnell wie möglich. – τὰς σχεδίας: die beiden „Schiffsbrücken" am Hellespont. – πορευθῆναι: der frei angeschlossene Infinitiv drückt den Zweck aus. – 2. ἡ ἄκρα die Klippe. – ἀνατείνειν sich hinziehen. – ἐπὶ πολλόν eine große Strecke weit. – ἐκομίζοντο fuhren weiter. Was soll aus dieser Episode erkannt werden?

108. παραρτέοντο = παρεσκευάζοντο. – οἴχωκα: ion. Perf. zu οἴχομαι. – 2. διὰ νήσων: so werden kurz die griech. Inseln des Ägäischen Meeres, besonders die Kykladen und Sporaden, genannt. – ἰθέως = εὐθέως. – σφεῖς = αὐτοί. – 3. ἀπολαμφθείς = ἀποληφθείς. – ἡσυχίην μὴ ἄγειν deutsch positiv: neue Kampfhandlungen beginnen. – ἄγοντι ἡσυχίην untätig bleiben. – τῶν πρηγμάτων τι προχωρεῖ das Unternehmen nimmt seinen Fortgang. – κομιδὴ τὸ ὀπίσω Rückzugsmöglichkeit. – ἐπιχειρεῖν etwas unternehmen. – ἔργου ἔχεσθαι ans Werk gehen. – πάντα τὰ κατὰ τὴν Εὐρώπην (dazu als Apposition: [τὰ] κατὰ πόλις τε καὶ κατὰ ἔθνεα) alle ihre Pläne in Europa. – Zu ἁλισκομένων und ὁμολογεόντων (um Frieden bitten) erg. αὐτῶν (sc. πόλεων und ἐθνέων). – ἐπέτειος jährlich geerntet. – 4. ἐς ὅ (bis) ohne ἄν, öfter bei Hdt. – ἤδη (dann auch) gehört zu τὸ ἐνθεῦτεν δέ. – ἐκέλευε er trat dafür ein, daß. – **109.** μεταβαλὼν πρὸς τοὺς Ἀθηναίους sich von jenen an die A. wendend. – περιημέκτεον (ἐκείνων) ἐκπεφευγότων, περιημεκτεῖν τινος = sich ärgern, daß ... – ὁρμέατο (att. ὥρμηντο) sie fühlten sich getrieben. – ἐπὶ σφέων αὐτῶν βαλόμενοι etwas auf sich allein nehmend. – ὦλλοι = οἱ ἄλλοι. – 2. πολλοῖσι παρεγενόμην ich war bei vielen Gelegenheiten (πολλά) mit dabei. – τοιάδε γενέσθαι mit a. c. i. – ἐς ἀναγκαίην ἀπειλεῖν (Kompositum von εἰλέω = drängen) in die Enge treiben. – ἀναμάχεσθαι den Kampf wiederaufnehmen. – ἀναλαμβάνειν τὴν κακότητα die Scharte wiederauswetzen. – εὕρημα εὑρήκαμεν ἡμέας τε αὐτοὺς καὶ τὴν Ἑλλάδα (εὕρημα εὑρίσκειν = einen unverhofften Gewinn ernten); daher: wider Erwarten haben wir uns und Griechenland glücklich gerettet. – τὸ νέφος die Wolke. Beachte das Bild! – 3. γάρ: denn die weitere Verfolgung könnte ὕβρις sein. – ἥρωες: etwa die Aiakiden. – ἐφθόνησαν = nicht zulassen wollen. – ἀτάσθαλος (ion.) frevelhaft. – ἐν ὁμοίῳ ἐποιέετο achtete für gleich. – ἐμπιπράς = ἐμπιμπράς. – ἀπομαστιγοῦν (ion.) durchpeitschen. – 4. εὖ ἔχει ἡμῖν es ist das Beste für uns. – ἐς τὸ παρεόν gegenwärtig. – τις hier: jeder. – ἀναπλάσσεσθαι wiederaufbauen. – ἀνακῶς ἔχειν τινός Sorge tragen für etwas. – ὁ σπόρος (σπείρειν) die Aussaat. – 5. ἀποθήκην ποιεῖσθαι εἴς τινα sich an jdm. einen Rückhalt schaffen. – ἡ ἀποστροφή die Zuflucht. Themistokles wurde 471 durch das Scherbengericht verbannt, später geächtet. Er suchte dann tatsächlich Zuflucht beim Perserkönig Artaxerxes, der ihm die Stadt Magnesia, ferner die Orte Lampsakos und Myus zu Lehen gab. Es ist unwahrscheinlich, daß er bereits zu diesem Zeitpunkt an eine mögliche Zuflucht beim Perserkönig gedacht hat.

110. διαβάλλειν hier: hintergehen. Hdt. zeigt auch an dieser Stelle, daß er nicht frei von Vorurteilen ist gegenüber der Person des Themistokles. Nach VIII 108 hatte dieser zuerst die Anregung gegeben, die Brücken zu zerstören, und bei seinen Landsleuten Zustimmung gefunden (109). Als aber die Peloponnesier sich dagegen wandten, besaß Th. die Großherzigkeit, die Athener von seinem eigenen Vorschlag wieder abzubringen, damit nicht ein neuer Riß zwischen den griech. Stämmen entstände. Die zweite Sendung des Sikinnos andererseits verfolgt deutlich den Zweck, den Großkönig zu eiliger Flucht zu veranlassen. – δεδογμένος in dem Rufe stehend. – σοφός klug. – εὔβουλος wohlberaten, einsichtsvoll. – πάντως durchaus. – 2. ἀναγιγνώσκειν überreden. – οἱ = ὑπ' αὐτοῦ. – ἐς πᾶσαν βάσανον (Probierstein, Prüfung) ἀπικνεομένοισι (wörtl.?) = selbst bei den schwersten Martern. – ἀναβάς (hinauf) an Land gehend. – 3. ὑπουργέειν einen Dienst erweisen. – ἔσχε er hat zurückgehalten. – **111.** ἀποδοκεῖ μοι es mißfällt mir; ich beschließe, etwas nicht zu tun. – λύσοντες τὸν πόρον (Übergangsstelle) um die Brücken abzubrechen. – περικατέατο (att.?) belagerten. – **113.** τὴν αὐτὴν ὁδόν: wie er VIII 50 angegeben ist. – ἔδοξεν hier in beiden Bedeutungen: 1. es schien ihm gut, 2. er glaubte. – προπέμψαι geleiten (bis nach Thessalien; Artabanos sollte ihn dann weitergeleiten). – ἀνωρίη τοῦ ἔτους die Unzeit, die nicht geeignete Zeit des Jahres. – 2. τοὺς ἀθανάτους: so genannt, weil bei einem Ausfall sofort ein Ersatzmann gewählt wurde. – μετὰ δέ darauf. – τὴν ἵππον τὴν χιλίην: vgl. zu VII 55, 3: οἱ ἱππόται οἱ χίλιοι. – 3. κατ' ὀλίγους (distributiv) von jedem Volke wenige. – εἴδεα gutes Aussehen. – τέοισι: dat. auct. – ἓν πλεῖστον ἔθνος αἱρέετο (wörtl.: als einziges Volk wählte er Perser am zahlreichsten) P. wurden besonders zahlreich ausgewählt. – στρεπτοφόρος eine Halskette tragend; ψελιοφόρος Armbänder tragend. – ἐπὶ δέ nächstdem. – **115.** οὐδὲν μέρος unbedeutender Teil. – 2. ἡ ποίη das Gras. – ὁ φλοιός die Baumrinde. – περιλέπειν abschälen. – καταδρέπειν abpflücken. – ἥμερος zahm. – 3. ὁ λοιμός die Pest. – ἡ δυσεντερίη die Ruhr. – ἵνα (c. opt. iter.) wo. – μελεδαίνειν pflegen. – **117.** ἐντεταμένας (mit Seilen) aneinandergespannt. – 2. κατέχεσθαι verweilen. – οὐδένα κόσμον (adverbialer Akkusativ) ohne Maß. – ἐμπίπλασθαι sich (den Magen) füllen, herunterschlingen. – ὕδατα μεταβάλλειν anderes Wasser (als bisher) trinken. – „Das Bild, wie die Reste des Heeres den Hellespont, dessen Brücken der Sturm zerstört hat, auf Schiffen überschreiten, und wie sich in Abydos die halbverhungerten Soldaten voll Gier auf die lange entbehrten Lebensmittel stürzen, ist ein erschütterndes Gegenstück zum prunkhaften Hinmarsch.“ (Pohlenz.) Vgl. Anhang i. T. „Perser“ Vs. 480ff.

Buch IX

r) Das Gastmahl in Theben

15. 4. ἐπὶ ξείνια zu einem Gastmahl. – λόγιμος angesehen. – **16.** τὰ ἐπίλοιπα der Rest. – ἐς τὰ πρῶτα besonders. – Zu κλῖναι (trans.) erg. als Subjektsakk. Ἀτταγῖνον. Der Hausherr pflegte die Plätze anzuweisen. Man lag beim Essen auf besonderen Speisesofas. – 2. διαπινόντων (διαπίνειν um die Wette trinken) gen. abs.: beim Gelage. – ὁ ὁμόκλινος Tischnachbar. – Ἑλλάδα γλῶσσαν ἱέντα in griech. Sprache; wohl ein Perser aus Kleinasien. – ὁποδαπός was für ein Landsmann. – ὑποκρίνεσθαι = ἀποκρίνεσθαι. – ὁμοτράπεζος ... ὁμόσπονδος (an demselben Trankopfer teilnehmend) ἐγένεο da du mit mir zu Tisch gesessen und gemeinsam das Trankopfer gespendet hast. – γνώμη Einsicht. – 3. δαίνυσθαι schmausen. – Verb. ὄψεαι τοὺς περιγενομένους ὀλίγους, erg. ἐόντας. – 4. τοῖσι ἐν αἴνῃ (Ansehen) ἐοῦσι Περσέων den angesehenen Persern. – 5. ἀναγκαίῃ ἐνδεδεμένοι von Schicksal gebunden. – ὀδύνη Kummer. – πολλὰ φρονέοντα μηδενὸς κρατέειν bei aller Einsicht keine Macht haben (gegen das Schicksal). – πρὸς τούτοισι außerdem. – λέγοι: Opt. Praes. für Impf. – πρὸς ἀνθρώπους zu mehreren Leuten. – Man wird nicht zweifeln, daß Hdt. pessimistische Äußerungen von Persern zu Ohren gekommen sind. Aber es ist seine eigene Überzeugung, daß niemand das ihm bestimmte Schicksal abwenden kann.

s) die Eroberung von Sestos

114. ὅρμεον gingen vor Anker. – ἀπολαμφθέντες (att.?) an der Weiterfahrt gehindert. – ἐντεταμένας: vgl. VIII 117. –

2. πειρᾶσθαί τινος angreifen. – **117.** πολιορκεομένοισι: Passiv. – τὸ φθινόπωρον der Spätherbst. – ἀσχάλλειν unwillig sein. – πρὶν ἢ ἐξέλωσι bevor sie erobert hätten; ohne ἄν öfter bei Hdt. – τὸ κοινόν der Rat und das Volk. – οὕτω δὴ ἔστεργον τὰ παρεόντα mit solchem Ernst betrieben sie ihre damalige Aufgabe. – **118.** ἐς πᾶν κακοῦ in die höchste Not. – τοὺς τόνους τῶν κλινέων die Ledergurte ihrer Betten. – ἕψειν kochen. – τὸ ὄπισθε τοῦ τείχεος die Rückseite des Kastells (dessen Hauptfront dem Meere zugekehrt war).

4. Charakteristik der Perser

122. ἀνακρεμασθέντος gekreuzigt. – ὁ προπάτωρ der Ahnherr. – ἐξηγεῖσθαι λόγον einen Vorschlag unterbreiten. – 2. ἡγεμονίην sc. τῆς 'Ασίης. – ἀνδρῶν: abh. von σοί. – κατελὼν 'Αστυάγην: diese Worte wurden also gesprochen, als Kyros den Astyages „gestürzt" hatte und im Begriff stand, die bisher von den Medern ausgeübte Vorherrschaft selber zu übernehmen. – μετανίστασθαι woanders hingehen. – σχῶμεν laßt uns in Besitz nehmen. – πλέοσι ntr.: in weiterer Hinsicht = mehr als jetzt. – Zu οἰκός (natürlich) erg. ἐστίν. – παρέξει = παρέσται (es wird möglich sein); κότε παρέξει κάλλιον ἢ ὅτε ... wann wird sich eine bessere Gelegenheit finden als jetzt, da wir ... – 3. κελεύειν hier: gutheißen. – οὕτω παρασκευάζεσθαι ὡς ... darauf gefaßt sein, daß sie ... – μαλακός schlaff, weichlich. – φιλέειν pflegen. – οὐ ... τι keineswegs. – τὰ πολέμια: Akk. der Bez. – 4. συγγνόντες (die Richtigkeit) einsehend. – μᾶλλον zu εἵλοντο (vorziehen). – λυπρήν (= λυπηρήν) wenig fruchtbar. – πεδιάς, -άδος eben (und daher fruchtbar).

Schon die ionische Wissenschaft hatte erkannt, daß die Eigenart eines Volkes in hohem Maße von der Natur des Landes abhängt, in dem es wohnt; so auch in der Schrift περὶ ἀέρων, ὑδάτων, τόπων (c. 24), die aus dem Kreise um den berühmten ionischen Arzt Hippokrates (5. Jh. v. Chr.) stammt.

An zwei bedeutungsvollen Stellen seines Geschichtswerkes hat Hdt. diesen Gedanken verwendet und so diese beiden Stellen in sinnvolle Beziehung zueinander gebracht: beim ersten Male (VII 102) spricht ihn Demaratos aus, als er inmitten des gewaltigen Truppenaufgebots des Xerxes vor einer Unterschätzung des kleinen Griechenvolkes warnt. Der Ausgang des Kampfes hat ihm Recht gegeben.

Als der endgültige Sieg errungen und die Freiheit gerettet ist, die nun alle Kräfte entbindet, setzt eine stürmische Entwicklung des staatlichen, kulturellen und wirtschaftlichen Lebens in Griechenland ein. Auf dem Freiheitsgedanken baut man das ganze Staatswesen auf; die einzige Bindung, die Perikles den Bürgern Athens auferlegt, ist die selbstgewollte Unterordnung des einzelnen unter das Ganze. Sie wahrt in allem die äußere und innere Freiheit der Persönlichkeit.

Durch die Siege der Griechen in der großen Auseinandersetzung mit den Persern wurden die Autonomie des Menschen und die Eigenständigkeit der abendländischen Kultur vor der Einförmigkeit orientalischer Kulturen und ihrer Geringschätzung der Würde des Menschen gerettet; erhalten blieb die Freiheit des Menschen als eine der Grundlagen der Kultur des Abendlandes.

Zur Vertiefung

1. Aus Aischylos' „Πέρσαι"

Auch Aischylos' Drama „Πέρσαι" hat Hdt. als Geschichtsquelle gedient. Wo weicht Hdt. in der Darstellung der Schlacht bei Salamis von Aischylos ab?

2. Epigramme

a) προμαχεῖν c. gen. für jmd. kämpfen. – Μαραθῶνι (Lokat.) bei M. – χρυσοφόρων goldenen Schmuck tragend. – ἐστόρεσαν (von στορέννυμι = στρώννυμι) hinstrecken.

b) εὐκλέας acc. plur. aus εὐκλ(ε)έ(σ)ας, von εὐκλεής. – αἶα = γαῖα (= γῆ). – κέκευθε (Perf. mit Präsensbedeutung) von κεύθειν bergen.

c) παντοδαπός mannigfach. – δαμάσαντες (von δαμάζω = δαμάω) bezwingen. – Plutarch, der dieses Epigramm überliefert, berichtet, es habe auf einer der Marmorsäulen gestanden, die die Athener rings um den Artemis-Tempel bei Artemision errichtet haben.

d) Korinth heißt hier εὔυδρον ἄστυ mit Bezug auf seine von Dichtern besungene Quelle Peirene. – ἀμέ dorisch = ἡμᾶς. – Plutarch setzt diesem Epigramm folgende Worte voran: ἐν Σαλαμῖνι δὲ ἠρίστευσαν (Κορίνθιοι) καὶ τῆς νίκης αἴτιοι κατέστησαν. Ἡροδότῳ γὰρ οὐ προσέχω (Glauben schenken), ἀλλὰ τῷ τάφῳ καὶ τῷ Σιμωνίδῃ, ὃς ἔγραψεν ἐπὶ τοῖς νεκροῖς τῶν Κορινθίων τεθαμμένοις ἐν Σαλαμῖνι: „ὦ ξεῖν', εὔυδρόν ποτ'" κτλ.

e) τὸ ξυρόν das Schermesser; ἐπὶ ξυροῦ ἵσταται ἀκμῆς: ein sprichwörtlicher Ausdruck, nach Hom. Il. K 173; von dem entscheidenden Augenblicke gebraucht; vgl. unser „es steht auf des Messers Schneide".

f) ἆμαρ (dor.) = att. ἡμέρα. – ἀέξειν alte poet. Form für αὔξειν = wachsen lassen, heraufführen. – ἵεσθαι streben nach etwas.

g) Thukydides (I 132) sagt: (Παυσανίας) ἐπὶ τὸν τρίποδά ποτε τὸν ἐν Δελφοῖς, ὃν ἀνέθεσαν οἱ Ἕλληνες ἀπὸ τῶν Μήδων ἀκροθίνιον (als Kriegsbeute), ἠξίωσεν ἐπιγράψασθαι αὐτὸς ἰδίᾳ τὸ ἐλεγεῖον τόδε: Ἑλλήνων ἀρχηγὸς κτλ.

h) ἀγήραντος unvergänglich. – ἡ εὐλογίη der Ruhm.

3. Ephoros, bei Diodoros XI 17

Ephoros (4. Jh. v. Chr.) schrieb eine Universalgeschichte Griechenlands in 30 Büchern, von der nur Bruchstücke erhalten sind; Diodoros (unter Augustus) hat ihn in seinem Geschichtswerk benutzt und so zahlreiche Stellen auf uns gebracht.

τῆς τοῦ πλήθους ὁρμῆς (Angriff): im Kriegsrat der Griechen vor der Schlacht bei Salamis. – ἡ δυσχωρία die schwierige Beschaffenheit eines Ortes. – συμβάλλεσθαι πρός τι zu etwas beitragen. – διαβεβαιώσασθαι, διότι fest versichern, daß. – διόπερ daher. – ἡ πιθανότης die Glaubwürdigkeit. – ἐμφράττειν absperren. – ἐξάπτεσθαί τινος jmd. angreifen. – ἡ ὁμοφωνία die Gleichheit der Sprache. – ἐπέχειν innehaben. – διασαφεῖν περί τινος Bericht erstatten über etwas. – ἡ ἔκταξις die Aufstellung zur Schlacht. – διότι = ὅτι. – διανηξαμένου von διανήχεσθαι hinüberschwimmen. – κατὰ νοῦν προκεχωρηκότος τοῦ στρατηγήματος: seine Kriegslist war ganz nach seinem Wunsch verlaufen. – ἡ περίστασις die Notlage. – ἡ προαίρεσις der Vorsatz, Beschluß.

4. Antike Quellen zu einem βίος Ἡροδότου

a) Über Πανύασις s. Verz. d. Eigennamen u. d. W. – Zu Πολυάρχου erg. υἱός. – τερατοσκόπος (wunderbare Erscheinungen oder Zeichen beobachtend und deutend =) ὁ μάντις. – τὴν ποιητικήν: gemeint ist die Epik. – ἐπανάγειν herauf führen, zu frischem Leben erwecken. – ὁ ἐξαδελφός (Bruder- oder Schwestersohn, auch der entferntere Blutsverwandte =) der Oheim oder Vetter. – Ῥοιώ verschrieben aus Δρυώ. – κατὰ τὴν οη' Ὀλυμπιάδα: die Olympiadenrechnung beginnt mit dem Jahre 776 v. Chr.; οη' = 78.; welches Jahr ungefähr war also das Geburtsjahr des Panyassis? – ἐπὶ τῶν Περσικῶν zur Zeit der Perserkriege. – ὑπὸ Λυγδάμιδος: Herrscherin über Halikarnaß war zur Zeit des 3. Perserkrieges Artemisia, die in der Schlacht bei Salamis auf Seiten der Perser ihr eigenes Geschwader ruhmvoll geführt hatte (Hdt. VIII 87, 88). Nach ihrer Rückkehr behauptete sich die kluge Königin in ihrer Würde. Ihre Nachfolger waren ihr Sohn Pisindelis, darauf ihr Enkel Lygdamis. (Die Namen beider sind karisch.) Gegen letzteren erhoben sich die Halikarnassier, unter ihnen Panyassis und Herodot. Aber der Tyrann blieb siegreich; Panyassis kam in den Kämpfen um, Herodot mußte nach Samos flüchten. Als ein zweiter Aufstand ausbrach, kehrte er nach Halikarnaß zurück und half mit beim endgültigen Sturz der Tyrannis. – Über Ἡσίοδος vgl. Verz. d. Eigenn. u. d. W. – Ἀντίμαχος aus Kolophon, Verfasser des Epos „Thebais“, lebte zur Zeit des Peloponnesischen Krieges. – Das Epos „Herakleias“ des Panyassis umfaßte 14 (ιδ') Bücher und ungefähr 9000 (εἰς ,θ' ἔπη) hexametrische Verse. Die „Ἰωνικά“, in elegischem Versmaß (7000 Verse) gedichtet, erzählten die Gründungsgeschichten der ionischen Kolonien Kleinasiens. – ἔστι δέ nämlich. – τὰ περὶ Κόδρον καὶ Νηλέα: Neleus war der Sohn des Kodros und Gründer von Milet.

b) Welches Jahr ist nach Gellius das Geburtsjahr Herodots?

c) τῶν ἐπιφανῶν: die Halikarnassier haben in Panyassis und Herodot ihre beiden bedeutendsten Bürger gesehen. – μεθίστασθαι seinen Wohnsitz wechseln. – εἰς τὸ Θούριον (Θούριοι das heutige San Mauro): am Krathis in Unteritalien. Diese griechische Kolonie wurde 444/3 v. Chr. von Athen gegründet. Herodot, der seit etwa 445 in Athen weilte, schloß sich dem Zuge an. – Πέλλαι: Stadt in Makedonien. Zum makedonischen Königshause hat Hdt. in freundschaftlichen Beziehungen gestanden. Daher ist ihm zu Ehren vielleicht in Pellai ein Kenotaphion errichtet worden. Gestorben ist er wenige Jahre nach Beginn des Peloponnesischen Krieges. – Mit οἱ λόγοι sind die einzelnen Bücher seines Geschichtswerks gemeint. – Μοῦσαι: die Einteilung in 9 Bücher und deren Benennung nach den neun Musen geht auf griechische Grammatiker zurück.

Benutzte Ausgaben

Abicht, Karl, Herodotus. Für den Schulgebrauch erkl. Teubner, Leipzig 1861ff.

Dietsch, Heinr. Rudolf – Kallenberg, Herm., Herodoti historiarum libri novem. Teubner, Leipzig 1885ff., 2 Bde.

Feix, Josef, Herodot, Historien. Griechisch-deutsch. Heimeran, München 1963, 2 Bde.

Groningen, B. A. van, Herodotus' historien. Met Inleiding en Commentar. Leiden 1945–55, 3 Bde.

Horneffer, A., Herodot. Historien. Deutsche Gesamtausgabe. Neu hrsg. von H. W. Haussig. Mit einer Einleitung von W. F. Otto Kröner, Stuttgart 1963.

Hude, Carolus, Herodoti Historiae. Clarendon, Oxford 1947, 2 Bde.

Stein, Heinrich, Herodotos. Erkl. Weidmannsche Buchhandlung, Berlin 1962/63, 5 Bde.

Wiedemann, Alfred, Herodots 2. Buch mit sachl. Erläuterungen. Teubner, Leipzig 1890.

Außerdem wurde die neuere Literatur über Herodot herangezogen.

Ein umfassendes Literaturverzeichnis gibt *Walter Marg*, Herodot. Eine Auswahl aus der neueren Forschung. Band XXVI. Wissenschaftliche Buchgesellschaft, Darmstadt 1965, S. 759ff. Das Werk enthält 43 Beiträge, u. a. von F. Jakoby, W. Schadewaldt, O. Regenbogen, M. Pohlenz, K. Reinhardt usw. Es ist für die Interpretation unentbehrlich.

Besonders sei auch hingewiesen auf die Aufsätze zur Herodot-Interpretation in den Zeitschriften „Gymnasium", Winter, Heidelberg, und „Der altsprachliche Unterricht", Klett, Stuttgart, u. a. von F. Stoessl, E. Hermes, B. Gährken, H. Krimm, G. B. Philipp usw.

Eine Literaturübersicht zu Herodot gibt G. Jäger, Literaturbericht Griechisch 1960—1975, Anregung 22, 1976, 412 f. und Anregung 25, 1979, 259.